ŒUVRES

DE

MACHIAVEL.

NOUVELLE ÉDITION.

CONTENANT les IV, V et VIes. Livres de l'HISTOIRE DE FLORENCE.

Machiavel était un honnête homme et un bon citoyen ..... en feignant de donner des leçons aux rois, il en a donné de grandes aux peuples. Le *Prince* de Machiavel est le livre des Républicains.

Contrat social, *Livre*, 3 *Chapitre 6.*

TOME CINQUIEME.

A PARIS,

Chez VOLLAND, Imprimeur-Libraire, quai des Augustins, N°. 25.

1793.

HISTOIRE

DE

FLORENCE.

LIVRE QUATRIEME.

Les républiques, dont les réglemens ne sont pas bons, sont sujettes à changer souvent de gouvernement & d'État, passant de l'esclavage à la licence, ou de la licence à l'esclavage, & non pas, comme l'on pense, de la servitude ou de la liberté à l'état opposé ; parce que les auteurs de la licence ou de l'anarchie, qui sont les gens du menu-peuple, et ceux de la tyrannie, qui sont les gens de qualité, n'employent d'ordinaire que le nom de la liberté, sans jamais la faire régner, les uns & les autres ne souhaitant pas de se soumettre aux loix, ni de s'assujettir à quelqu'un. Il est vrai que quand, par un bonheur très-rare dans un État, un homme sage, honnête, puissant, & bien intentionné, entreprend de faire de bons réglemens, qui assoupissent les dissentions du peuple & de la noblesse, ou, du moins, qui brident si bien l'un & l'autre, qu'il n'y ait rien à craindre de leur part ; alors on peut dire qu'une telle république est libre, & en état de subsister en paix & en repos, parce qu'étant fondée sur de bons ordres & de bonnes loix, elle n'a pas besoin, comme les autres, du mérite extraordinaire d'un homme pour la maintenir. C'est par de semblables ordonnances que les républiques anciennes se sont conservées si long-tems. Mais celles qui sont souvent passées de la tyrannie à la licence, ou de la licence à la tyrannie, n'ont jamais été gouvernées par des loix de cette nature, parce que dans ces malheureux États il ne peut y avoir rien de fixe, vu les puissans ennemis que chacun de ces partis ne manquent jamais d'avoir : car, l'un déplaît toujours aux gens de bien, & l'autre à ceux qui ont de la prudence ; l'un peut faire du mal aisément ; l'autre ne peut faire du bien qu'à peine. Dans un de ces partis, les gens

insolens & fiers ont trop d'autorité ; & dans
l'autre , les bétes sont trop déchaînées : & l'un
& l'autre ne dépend souvent que de la valeur
& de la fortune d'une seule téte , qui peut
manquer par la mort, ou devenir inutile par
le trop de fatigues.

Je dis donc que le gouvernement établi à
Florence dans l'année mil trois cent quatre-
vint-un, depuis la mort de George Scali , commença par la conduite de Mazo d'Albizi, &
fut ensuite soutenu par celle de Nicolas d'U-
zano. La répuplique fut tranquille depuis mil
quatre cent quatorze jusqu'en mil quatre cent
vingt-deux, parce que le roi de Naples étoit
mort , et la Lombardie divisée en plusieurs
partis ; de sorte que Florence n'avoit rien à
craindre , ni du dehors , ni du dedans. Après
Nicolas d'Uzano, Barthelemi Valori , Néron de
Nigi , Renaud d'Albizi , Neri de Gino , &
Lapo Nicolini , étoient les citoyens qui avoient
le plus de pouvoir. Les factions qui se for-
merent par les différens des Albizi & des Ricci , & que Salvestre de Médicis ressuscita avec
tant d'éclat , n'ont jamais été entiérement étein-
tes ; & quoique celle qui étoit soutenue par la
plus forte partie de l'État ne subsistât que trois
ans , ayant succombé en mil trois cent quatre-

vingt-un, néanmoins, comme elle demeuroit dans l'esprit de la plupart des habitans, on ne put jamais la dissiper totalement. Il est vrai que les fréquentes assemblées de parlemens, & les persécutions qu'on fit souffrir à cette faction dans la personne de ses chefs, depuis mil trois cent quatre-vingt-un, jusqu'en mil quatre cent, l'avoient réduite presque à rien. Les familles les plus considérables de ce parti-là, qui furent persécutées, étoient les Alberti, les Ricci, & les Médicis, & souvent on les ruina d'hommes & d'argent ; & s'il en resta quelques-uns dans la ville, on les dépouilla de leurs charges. Toutes ces disgraces humilierent beaucoup leur parti, & le réduisirent presque à rien. Il restoit pourtant dans l'esprit des gens le ressentiment des insultes qu'on avoit reçues & le desir de s'en venger, qui ne trouvant point d'objet sur quoi se décharger, demeuroit renfermé dans le cœur.

Les notables qui gouvernoient paisiblement l'État, firent deux fautes qui furent cause de leur perte. L'une fut que l'autorité dont ils se voyoient revêtus, les rendit fiers & insolens : l'autre, que la jalousie qu'ils se portoient les uns aux autres, & la longue possession où ils se voyoient du gouvernement, les empêcherent de se précautionner comme ils devoient, contre ceux qui leur pouvoient nuire. Comme donc leur conduite réveilloit tous les jours la haine qu'on avoit contre eux en général , & que d'ailleurs ils n'avoient pas les yeux assez ouverts sur les choses qui leur pouvoient nuire , parce qu'ils ne les craignoient pas , ou parce qu'ils étoient bien aises de les fomenter , à cause de la jalousie qu'ils avoient les uns contre les autres , ils firent tant qu'enfin la maison de Médicis reprit le dessus. Le premier de cette maison qui commença à revenir de leur abaissement, fut Jean , fils de Bicci , qui étant devenu très-opulent , & se trouvant d'un naturel doux & bienfaisant, fut élevé à la premiere magistrature par le consentement de ceux qui dominoient alors. Cela fit naître dans la ville une joie générale , le peuple s'imaginant avoir trouvé un protecteur dans sa personne ; & véritablement cela parut suspect aux plus prudens , parce que c'étoit remettre en émotion toutes les humeurs qu'on avoit tant eu de peine à appaiser. Nicolas d'Uzano même ne manqua pas d'en avertir les autres citoyens , faisant voir qu'il étoit dangereux de laisser vivre un particulier qui avoit une estime si générale , & qu'il étoit très-facile d'arrêter les troubles dans leur naissance ; mais qu'ils devenoient irremédiables quand on les laissoit prendre force: qu'enfin il connoissoit dans Jean de Médicis des qualités encore plus considérables que celles par lesquelles Salvestre de Médicis s'étoit fait admirer.

Ce discours ne fit aucune impression sur l'esprit de ces citoyens, parce qu'ils portoient envie à Nicolas d'Uzano, & qu'ils souhaitoient de trouver des gens propres pour leur aider à l'humilier. Comme donc Florence étoit remplie de ces sortes d'humeurs, qui commençoient sourdement à s'émouvoir, Philippe Visconti, second fils de Jean Galeas, qui étoit devenu souverain de toute la Lombardie par la mort de son frere, souhaitoit fortement de redevenir maître de Génes, qui venoit alors en liberté, ayant pour doge Thomas de Campo Fregoso. Mais ce prince doutoit du succès de cette entreprise & de toute autre, si premierement il ne faisoit pas quelque nouveau traité public avec les Florentins qui, selon sa pensée, le mettroit assez en estime pour pouvoir dans la suite entreprendre tout ce qu'il voudroit. Pour cet effet, il envoya le demander à Florence par ses ambassadeurs. Plusieurs citoyens étoient d'avis qu'on n'innovât rien, mais qu'on s'en tînt seulement au traité de paix qui duroit depuis tant d'années, parce qu'ils jugeoient bien, avec raison, que le duc tireroit infailliblement son avantage du dernier qu'il vouloit faire, sans que la république y en pût trouver jamais aucun. D'autres étoient d'avis qu'on fît ce nouveau traité, en exigeant des conditions de lui, qu'il ne pourroit enfreindre, sans découvrir ses mauvaises intentions, & sans donner lieu à lui faire une juste guerre. Après que cette affaire eut été bien ballotée, l'on confirma le traité de paix dans lequel Philippe s'engagea de ne point se mêler de tout ce qui seroit au deça des rivieres de la Magre & du Panare.

Dès que le traité fut conclu, Philippe prit Bresce, & peu de tems après, Génes contre la pensée de ceux qui, à Florence avoient conseillé de renouveller cette alliance, s'étant mis dans l'esprit que les Vénitiens protégeroient la ville de Bresce, & que celle de Génes se défendroit bien d'elle-même. Or parce que dans l'accord que le duc avoit fait avec le doge de Génes, il avoit laissé sous son pouvoir Serezana & d'autres places situées au-deça de la Magre, aux conditions que s'il les vouloit aliéner, il ne le pourroit faire qu'en faveur des Génois. Philippe devenoit par cette clause infrateur de la paix qu'il avoit confirmée avec la république ; de plus , il avoit fait un traité avec le légat de Boulogne. Tout cela altéra les esprits des Florentins , & les fit penser à courir promptement aux remedes , dans l'appréhension qu'ils avoient de plus grands maux. Ces ressentimens étant venus à Philippe , il envoya des ambassadeurs à Florence pour se justifier, ou pour pressentir la disposition des esprits , ou pour les endormir , en leur marquant qu'il s'étonnoit de l'ombrage qu'on avoit pris contre lui , & en offrant de renoncer à tout ce qu'il pourroit avoir fait , qui pût faire naître quel-que soupçon de sa bonne foi.

Ces ambassadeurs ne servirent qu'à mettre la division dans Florence , parce que la partie, qui avoit le plus de réputation dans le Gouvernement , jugeoit qu'il étoit à propos de prendre les armes & de se mettre en état de rompre les mesures de l'ennemi ; & quand les préparatifs seroient faits , & que Philippe demeureroit dans les termes du traité , on ne pouvoit pas dire qu'on eût fait la guerre, mais qu'on auroit donné lieu à conserver la paix. Plusieurs autres , ou par envie contre ceux qui gouvernoient, ou par la crainte de la guerre , jugeoient qu'il ne falloit pas prendrc légerement de l'ombrage contre un allié, & que cê qu'il avoit fait ne donnoit pas tant de lieu de le soupçonner, qu'au reste l'on savoit bien que la levée des troupes & les autres préparatifs ne pouvoient signifier autre chose que la guerre ; & si on l'entreprenoit contre un si grand prince, on mettoit l'État en un danger éminent, sans espérance d'aucune utilité d'ailleurs ; *parce que*, disoient-ils, *nous ne pouvons pas devenir paisibles Seigneurs des conquêtes que nous pourrons faire, ayant la Romagne entre deux ; & nous ne pouvons rien entreprendre sur la Romagne, étant si voisins de l'État de l'Eglise.*

Cependant l'avis de ceux qui vouloient la guerre, prévalut ; & l'on fit des troupes, l'on imposa de nouveaux droits, & l'on fit tous les préparatifs. Mais comme les pauvres étoient bien plus chargés que les riches, cela fit naître beaucoup de mécontentemens, chacun taxant l'ambition & l'autorité des plus puissans, les accusant de vouloir faire la guerre de gaieté de cœur pour opprimer le peuple, afin d'affermir leur domination, & pour satisfaire leur passion particuliere.

On n'étoit pourtant point encore venu à une rupture publique avec le duc ; mais on étoit en défiance de part & d'autre, parce que Philippe avoit envoyé des troupes dans Boulogne à la priere du Légat, qui appréhendoit Bentivoglio, chef des exilés de cette ville-là ; & comme elle étoit proche de l'Etat de Florence, ces troupes la tenoient en allarme : mais ce qui donna encore bien plus l'épouvante, & ce qui découvrit le dessein de Philippe de faire la guerre, fut l'entreprise qu'il fit sur Fourli. George Ordelaffi étoit souverain de la place, qui, venant à mourir, laissa son fils Tibaut sous la tutelle du duc Philippe, & quoique la mere du pupille, qui se défioit de la probité d'un tel curateur, l'envoyât à son pere Louis Alidossi, Seigneur d'Imola, cependant le peuple de Fourli obligea cette princesse de remettre ce cher dépôt entre les mains du duc, afin de satisfaire aux clauses du testament du défunt prince. Philippe donc ne voulant pas qu'on le soupçonnât, & voulant cacher son dessein, fit ensorte que le marquis de Ferrare envoyât Gui Torello avec des troupes, pour prendre le gouvernement de Fourli comme son procureur. Ainsi la place tomba entre les mains de Philippe ; & si-tôt qu'on en eut la nouvelle à Florence, aussi bien que celle de la venue des troupes à Boulogne, cela hâta la résolution de faire la guerre, quoique ce dessein fut traversé par une forte opposition, & que Jean de Médicis dit hautement, qu’elle se faisoit contre son avis; & déclarant que quand il seroit vrai que le duc auroit mauvaise intention, il valloit mieux l’attendre que de le prévenir à force ouverte, parce qu’autrement la guerre paroissoit aussi juste de la part de ce prince que de la nôtre à tous les princes d’Italie : & on n’étoit plus en droit de demander avec empressement du secours, comme on auroit pu faire, si le duc avoit fait voir qu’il n’agit que par ambition; d’ailleurs, on défend avec bien plus de chaleur son propre bien que celui des autres. Les autres disoient qu’il valloit mieux aller au-devant de l’ennemi, que de l’attendre chez soi, & que la fortune favorise d’ordinaire davantage ceux qui attaquent, que ceux qui se défendent; & quand on fait la guerre chez les autres, elle n’est pas si dommageable que quand on la fait chez soi, quoiqu’il faille plus de dépense pour la faire au loin.

Enfin cet avis l’emporta, & l’on résolut que les dix qu’on avoit établis pour être les directeurs de cette guerre, emploieroient tout ce qu’ils jugeroient propre à tirer Fourli des mains du duc, qui, voyant que les Florentins vouloient s’emparer des lieux qu’il avoit entrepris de défendre, leva le masque, & envoya Agnolo della Pergola avec une grosse troupe à Imola, afin

que ce prince , étant obligé de défendre son
Etat , ne pensât pas à se rendre curateur de son
petit fils. Agnolo donc arriva proche d'Imola ,
pendant que les troupes des Florentins étoient
encore à Modigliane ; & comme il faisoit grand
froid , & que les fossés de la ville étoient glacés ,
il la prit dans une nuit , & envoya Louis Alidossi prisonnier à Milan. Les Florentins voyant
Imola prise & la guerre déclarée , envoyerent
leurs gens à Fourli , & l'assiégerent de près ; &
afin que les gens du duc ne pussent pas venir
en gros secourir la place , ils prirent à leur solde
le Comte Alberigo qui , de son fort , qu'on appelle Zagonara , envoyoit des partis jusques aux
portes d'Imola. Agnolo della Pergola voyoit bien
le danger qu'il y avoit à secourir Fourli , à
cause que les nôtres s'étoient fortifiés dans un
poste avantageux. Il forma donc le dessein d'aller
prendre Zagonara , se persuadant que les Florentins s'y opposeroient , ce qu'ils ne pouvoient
faire sans abandonner Fourli , & sans s'exposer
à un combat désavantageux.

On obligea donc Alberigo à capituler , & les
articles furent en général qu'il rendroit la place ,
s'il n'étoit secouru des Florentins , dans l'espace
de quinze jours. Lorsqu'on eut appris cette
méchante nouvelle dans le camp devant Fourli ,

la résolution fut prise de ne pas laisser cet avantage à l'ennemi ; ce qui fut cause qu'il en remporta un plus considérable : car, l'armée ayant levé le siége, pour secourir Zagonara, elle vint à la rencontre d'Agnolo, qui la défit, non pas tant par sa valeur, que par le mauvais tems ; parce que nos gens ayant, pendant plusieurs heures, essuyé la pluie, & marché dans une fange très-profonde, ils trouverent des ennemis tout frais, qui n'eurent pas de peine à les vaincre. Cependant, dans une si grande défaite, & dont on fit tant de bruit dans toute l'Italie, il ne mourut que Louis d'Obizi, avec deux de ses gens, qui, étant tombés de cheval, furent suffoqués dans la boue.

Cette nouvelle affligea toute la ville de Florence, mais sur-tout ceux qui avoient le plus de part au gouvernement, & qui avoient conseillé la guerre ; car ils voyoient leur ennemi fort, & eux désarmés & sans alliés, & de plus le peuple déchaîné contr'eux, qui publiquement vomissoit des injures sur leur conduite, en se plaignant fort des impôts dont on l'avoit chargé, & de la guerre qu'on avoit allumée sans aucune nécessité. Ces gens-là alloient donc disant : « Vous » voyez comment ils ont fait dix députés pour » les affaires de la guerre, afin d'épouvanter nos » ennemis, & comment ils ont secouru Fourli,

» & tiré des mains du duc cette place. Ils ont
» enfin découvert leurs intentions & quelle est
» la fin de leurs allures, qui ne tendent point
» du tout à maintenir la liberté, dont ils sont
» ennemis, mais plutôt à augmenter leur puis-
» sance, laquelle Dieu a diminuée par sa justice.
» Ce n'est pas seulement dans cette derniere
» entreprise qu'ils ont voulu accabler la républi-
» que, mais par beaucoup d'autres. Celle contre
» Ladislas, roi de Naples, n'étoit-elle pas de
» même nature que celle-ci ? A qui auront-ils
» recours à présent pour tirer du secours ? Sera-
» ce au pape Martin, qu'ils ont insulté pour
» faire plaisir à Braccio ? Sera - ce à la reine
» Jeanne, qu'ils ont contrainte de se jeter, mal-
» gré elle, entre les bras du roi d'Arragon, parce
» qu'ils l'ont abandonnée ? » A tous ces discours
ils ajoutoient toutes les injures que la colere
suggere à un peuple animé.

Les Seigneurs, sur cela, jugerent à propos
d'assembler beaucoup de citoyens, afin de les
obliger à appaiser tous ceux que la foule du
peuple auroit pu émouvoir. Renaut d'Albizi,
fils aîné de feu Mazo, & qui aspiroit par son
mérite, & par la mémoire de son pere, au premier poste de l'Etat, fit en cette rencontre un
long discours, où il fit voir » qu'il ne faut pas

» juger des entreprises par les événemens, puis-
» que celles qui sont formées avec le plus
» de jugement ont bien souvent un mauvais
» succès, pendant que les téméraires en ont
» quelquefois de favorables : & si l'on donnoit
» des louanges à des conseils imprudens, à cause
» qu'ils auroient réussi, ce seroit le moyen
» d'encourager les hommes à n'avoir point de
» conduite, ce qui enfin seroit préjudiciable à
» l'Etat ; car tous les mauvais conseils ne sont
» pas toujours suivis de succès avantageux. C'est
» donc aussi une erreur de blâmer un parti qu'on
» a embrassé avec prudence , parce qu'il aura
» eu le malheur de ne pas bien réussir ; car , par
» ce moyen , on intimideroit les gens de bon
» sens , & on leur ôteroit le courage de donner
» leurs avis à la république , & de dire les
» choses comme ils les pensent «.

Ensuite il fit voir la nécessité où l'on étoit
d'entrer dans cette guerre, dont la Toscane auroit
été le théâtre, si l'on ne l'eût faite dans la Romagne. « Mais puisqu'il a plu à Dieu que nos
» troupes fussent battues, notre perte sera en-
» core plus grande, si nous nous abandonnons
» nous-mêmes ; mais si nous montrons les dents
» à la fortune, ou si nous employons tous les
» remedes qui sont en notre pouvoir, je suis sûr

» que nous ne nous appercevrons pas de notre
» perte, ni le duc de sa victoire ; qu'au reste,
» il ne falloit point perdre courage, à cause
» des dépenses qu'il faudra faire, & des impôts
» qu'il faudra mettre ; car pour ceux-ci, il est
» juste de les changer ; & pour les frais, ils
» seront bien moindres que par le passé, puis-
» qu'il s'en fait beaucoup moins pour se tenir
» sur la défensive, que lorsqu'on se dispose à
» attaquer. « Enfin il les exhorta à imiter leurs
ancêtres, qui s'étoient toujours bien défendus
contre de très-grands princes, parce qu'ils n'a-
voient jamais perdu courage.

Les citoyens étant un peu revenus à eux-
mêmes par ce discours, & par l'autorité de celui
qui le faisoit, ils prirent à leurs gages le comte
Oddo, fils de Braccio, & lui donnerent pour
gouverneur Nicolas Piccinino, éleve de Braccio
lui-même, & le plus estimé de tous ceux qui
avoient fait la guerre sous lui. Ils mirent avec
lui encore d'autres chefs, & remonterent quelques-uns de leurs cavaliers qui avoient perdu
leur équipage. Ils établirent vingt citoyens pour
faire de nouvelles levées de deniers. Ces gens-ici
voyant les principaux de la république un peu
abbatus par la derniere déroute, les chargerent
sans ancuns égards. Cela piqua assez ces premieres

mieres têtes, qui, au commencement, voulant paroître plus honnêtes, ne se plaignoient pas de leurs taxes en particulier, mais ils en blâmoient l'excès en général, & disoient qu'il falloit faire une remise : ce que plusieurs ayant apperçu, l'on empêcha dans les conseils que cela n'arrivât. Eux donc voulant qu'on en ressentît la rigueur, afin de rendre ces taxes odieuses à bien des gens, ils firent ensorte que les commis les levassent avec toute la dureté possible, leur donnant pouvoir de tuer tous ceux qui feroient résistance à leurs Sergens. Cela fit naître assez d'inconvéniens fâcheux, plusieurs citoyens ayant été blessés ; desorte qu'on trouvoit que les différentes factions en venoient jusqu'au sang, & les plus prudens en appréhendoient quelque dangereuse suite, parce que les grands, accoutumés à être respectés, ne pouvoient souffrir d'être exposés aux insultes de ces gens-là, & les autres vouloient que chacun fût chargé également.

Plusieurs donc des plus considérables de l'Etat s'assembloient, & concluoient qu'il étoit nécessaire de reprendre leur autorité, parce que leur négligence avoit donné courage aux petites gens de censurer la conduite de la régence, & aux chefs de la populace de relever la tête. Après avoir réfléchi là-dessus bien des fois, ils con-

Tome V.   B

vinrent de se revoir tous ensemble & tout-à-la-
fois ; desorte qu'ils s'assemblerent dans l'église
de Saint Etienne au nombre de plus de soixante-
dix citoyens, par la permission de Laurent Ridolfi
& de François Gianfigliazzi, qui étoient alors du
nombre des Seigneurs. Jean de Médicis ne fut
point de cette assemblée, soit qu'on ne l'y eût
point appelé comme suspect, soit qu'il ne voulût pas s'y trouver, comme n'approuvant pas
leurs sentimens.

Renaud d'Albizi parla à toute l'assemblée. Il
fit voir l'état de la ville, & comment, par leur
négligence, la populace en avoit repris le gouvernement après que leurs peres l'en avoient
dépouillée en mil trois cent quatre-vingt-un. Il
leur représenta l'injustice du gouvernement, qui
avoit duré depuis l'an soixante-dix-sept jusqu'en
quatre-vingt-un, & qu'il n'y en avoit pas un d'eux
là présens, qui n'y eût perdu un pere ou un
grand – pere ; que cependant l'on retournoit
insensiblement dans ces premiers désordres,
puisque le peuple avoit déjà disposé des taxes,
selon son caprice, & qu'il ne manqueroit pas de
disposer peu après des charges, si l'on ne s'y
opposoit ou par la force ou par une meilleure
conduite ; & quand la populace en seroit venue
où elle aspire, elle s'empareroit de leurs postes,

& détruiroit ce gouvernement , par lequel ils
avoient conduit l'Etat avec tant de gloire pendant
quarante-deux ans ; qu'après cela Florence seroit
gouvernée par caprice sous l'autorité d'une foule
aveugle ; qu'alors l'un des partis vivroit dans la
dernicre licence , & l'autre au milieu de mille
dangers ; ou bien l'Etat tomberoit sous la puissance d'un seul qui s'en rendroit le souverain.
C'est pourquoi il leur protestoit que chacun qui
aimoit sa patrie & son honneur , étoit obligé de se
souvenir & de suivre l'exemple de Bardo Man-
cini , qui eut le courage de tirer l'Etat de la ruine
où il étoit en faisant périr les Alberti , les assurant que l'audace de ces innovateurs-ici, qui s'ap-
puient sur le grand nombre , n'a pris sa naissance
que des scrutins trop nombreux qui se sont rendus
tels par notre négligence , & qui par conséquent
ont rempli le palais de gens bas & de néant.
Enfin il conclut que le seul remede à ce mal étoit
de rendre l'autorité aux grands , & de diminuer
celle des petits corps de métiers en les réduisant
à sept au lieu de quatorze. Cela diminueroit le
pouvoir que la populace a dans ses conseils ,
tant parce que leur nombre seroit diminué, que
parce qu'il seroit plus aisé aux grands d'acquérir
de l'autorité parmi ces corps-là, qu'ils abaisse-
roient tant qu'ils pourroient , à cause de la vieille

antipathie qui est entr'eux. Il ajoutoit qu'il étoit de la prudence de savoir se prévaloir des gens selon les tems ; car si leurs peres s'étoient servi de la populace pour rabbattre l'insolence des grands , à présent que les grands sont humiliés & la populace insolente , il faut réprimer cette insolence par le secours des autres ; qu'au reste , pour venir à bout de ce dessein , il falloit se servir ou de la ruse ou de la force ; que pour cette derniere il étoit facile de la mettre en usage , puisque quelques-uns d'entr'eux se trouvant être du conseil des Dix , il étoit facile de faire entrer en secret des troupes dans la ville.

Albizi fut applaudi de tous les auditeurs , & chacun fut de son avis ; entr'autres Nicolas d'Uzano dit » que tout ce que le seigneur d'Albizi leur » venoit de dire étoit véritable , & les remedes » qu'il proposoit étoient bons & assurés , pourvu » qu'on pût les employer sans mettre la division » dans la ville ; & il seroit facile de l'éviter , en » tirant Jean de Médicis dans leur parti , parce » que cela étant , une populace qui n'a ni chef ni » forces ne peut faire de mal. Mais s'il refusoit » d'accepter cet offre , on ne pourroit pas venir » à bout de ce dessein sans tirer l'épée , ce qui » n'arriveroit pas sans se mettre en risque ou de » perdre ou de n'être pas en état de jouir des fruits

» de la victoire. «Ensuite il leur représenta modes-
tement les avertissemens qu'il leur avoit donnés
autrefois , & comment ils n'avoient pas voulu
remédier à ces inconvéniens-ici dans le tems qu'on
le pouvoit faire sans peine , au-lieu qu'à présent
on n'en viendroit point à bout sans s'exposer
à de grands risques , à moins qu'on ne gagnât
Jean de Médicis.

L'on donna donc la commission à Binaldo
d'aller trouver Médicis , & de tâcher à le faire
tomber dans leur sentiment. Ce chevalier exé-
cuta les ordres , & dit tout ce qu'il put de plus
pressant à Médicis , pour l'engager à concourir
avec eux dans leur dessein , & de ne vouloir pas ,
en protégeant une populace , la rendre insolente aux périls de la république. Médicis lui
répondit , « que le devoir d'un bon & d'un sage
» citoyen étoit de ne point changer les ordres
» reçus dans la république , parce qu'il n'y a
» rien qui chagrine tant les gens que ces sortes
» de changemens , puisque vous ne le pouvez
» faire sans offenser bien du monde ; & quand
» on a fait beaucoup de mécontens, on est en
» risque de voir à toute heure quelqu'accident
» fâcheux. Il dit aussi qu'il trouvoit deux choses
» fort pernicieuses dans leur résolution : la pre-
» mière, de donner les charges à des gens qui,

» ne les ayant jamais possédées, en font peu de
» cas, & ne trouvent pas étrange d'en être pri-
» vés ; l'autre, c'est de les ôter à des gens qui,
» étant accoutumés à les posséder, n'auront ja-
» mais de repos qu'ils n'y soient rentrés. Par-là
» vous faites plus de tort à une des parties, que
» de grâce à l'autre. Ainsi celui qui aura donné
» ce conseil se fera peu d'amis & beaucoup
» d'ennemis, qui auront bien plus d'animosité à
» se venger que les premiers à défendre leur
» bienfaiteur ; car les hommes sont bien plus
» vindicatifs que reconnoissans. La vengeance
» les dédommage, à leur avis, & leur donne du
» plaisir ; & la reconnoissance leur coûte. »
Ensuite, adressant son discours à Renaud d'Albizi, il dit : « Et vous, si vous faisiez réflexion
» sur le passé, & combien cette ville est rem-
» plie de fourberies, vous ne seriez pas si ardent
» à poursuivre l'exécution de ce dessein ; car
» les auteurs, après s'être servi de votre puis-
» sance pour en venir à bout, vous en dépouille-
» roient ensuite vous-même, avec l'aide du
» peuple dont vous vous seriez attiré la haine
» par cette conduite. Souvenez-vous seulement
» de ce qui arriva à Benoît Alberti, qui se laissa
» persuader par ses ennemis à consentir à la perte
» de George Scali & de Thomas Strozzi ; &,

» peu de tems après , il fut rélégué par ceux-là
» même qui lui avoient conseillé la chose. Enfin
» il l'exhorta à penser aux choses avec plus de
» prudence , & à imiter son pere , qui , pour
» s'attirer l'affection du peuple , diminua le prix
» du sel, fit établir que ceux qui payeroient moins
» d'un demi florin d'impôt pussent ne le pas
» payer s'ils vouloient. Il fit aussi ordonner que
» le jour que les conseils s'assemblent , chacun
» fût à couvert de ses créanciers ; & il conclut
» que pour lui , il vouloit laisser la république
» dans l'état où elle se trouvoit ».

Quand toutes ces menées furent connues , cela augmenta le crédit de Médicis & la haine qu'on avoit contre les autres. Mais il ne fomentoit pas le peuple dans cette disposition-là à son égard , afin de ne pas faire naître la hardiesse aux gens d'entreprendre des nouveautés sous sa protection ; & dans tous ses discours, il marquoit qu'il n'étoit pas homme à entretenir des brigues , mais plutôt à les étouffer ; que pour lui il ne cherchoit que l'union dans la ville : & cela fâchoit bien des gens qui étoient dans ses intérêts; car ils auroient bien voulu qu'il eût marqué plus d'ardeur & plus d'ambition. Alaman de Médicis , homme d'un naturel fier & emporté , s'efforçoit plus que pas un autre de l'animer à la vengeance contre ses ennemis & à la protection de ceux qui lui vouloient du bien, blâmant sa froideur & sa lenteur, ce qu'il disoit donner lieu aux menées sourdes qu'on tramoit contre lui, qui viendroient un jour à éclater par la ruine de sa maison & de ses amis, comme son fils l'excitoit encore à cela. Mais Jean de Médicis ne changeoit point d'allure, quelque chose qu'on lui découvrît, ou que l'on lui pronosticât. Cependant la partie étoit déjà découverte, & la ville étoit dans le trouble & dans la division.

Il y avoit au palais deux chanceliers au service de la seigneurie, dont l'un s'appelloit le seigneur Martin, & l'autre le seigneur Pagolo. Le dernier favorisoit le parti d'Uzano, & l'autre celui de Médicis : & Renaud d'Albizi, voyant que Jean de Médicis n'avoit pas voulu prendre parti avec eux, crut qu'il seroit à propos de dépouiller Martin de sa charge, parce qu'il espéroit que cela lui rendroit la seigneurie plus favorable. Mais le parti contraire ayant éventé ce dessein, protégea Martin, déposséda même Pagolo, au grand regret & au grand préjudice de ceux de son parti. Cet événement auroit d'abord produit de méchans effets sans la guerre que la république avoit sur les bras, & sans l'épouvante où l'avoit jetée l'échec reçu à Zagonara.

Pendant que la divison travailloit ainsi le dedans de l'Etat, Agnolo della Pergola, avec l'armée du Duc, s'étoit emparé de toutes les places de la Romagne que les Florentins tenoient, à la réserve de Castracaro & de Modigliane. La foiblesse de ces places, & le peu de conduite de ceux qui les défendoient, en avoient rendu la conquête aisée à ce général. Il arriva deux choses pendant qu'on faisoit ces sieges, qui firent voir combien la valeur d'un homme plaît jusques dans la personne des ennemis mêmes, & combien l'on hait la lâcheté & la malice. Biagio de Milano étoit gouverneur de la forteresse de Monte Petroso; & comme il se voyoit pressé par le feu que les ennemis avoient mis, sans avoir aucune espérance de pouvoir garder la place, il jeta de la paille & des habits du côté où le feu n'avoit pas encore pris, & par-dessus il jeta deux petits enfans qu'il avoit, disant aux ennemis : *prenez les biens que la fortune m'a donnés, & que vous pouvez me ravir; mais, pour les autres, qui sont mon honneur & ma gloire, je ne vous les abandonnerai point, & vous ne me les ravirez jamais.* Les ennemis coururent pour sauver les enfans, & ils présenterent au pere de la corde & des échelles pour le tirer de l'embrâsement; mais il les refusa généreusement, aimant mieux mourir

au mileu des flammes, que de tenir la vie des
ennemis de sa patrie : exemple véritablement
digne de l'ancienne générosité, & d'autant plus
beau, qu'il est plus rare ! Les ennemis rendirent
à ses enfans ce qu'ils purent sauver d'entier, &
eurent grand soin de les renvoyer surement à
leurs parens. La république voulut aussi s'en
charger ; car elle les entretint à ses dépens tant
qu'ils vécurent.

Il arriva tout le contraire de cet événement
à Galeata, où Zanobi del Pino étoit Podesta ;
car, sans faire la moindre résistance, il rendit
la place à l'ennemi. Il exhorta outre cela Agnolo
della Pergola à laisser les Alpes de la Romagne,
& à venir dans les collines de la Toscane, où il
feroit la guerre avec moins de risque & plus de
profit. Agnolo ne put supporter la trahison de
cet homme, & il l'abandonna à la discrétion de
ses valets qui, après plusieurs moqueries, lui
donnoient seulement à manger du papier peint,
en disant *que, par ce moyen, de Guelfe ils vouloient le faire devenir Gibelin.* Après donc avoir
souffert quelque tems tous ces mauvais traitemens, il mourut.

Dans ce tems-là le comte Oddo & Nicolas
Piccinino entrerent dans le Val de Lamona, pour
faire ensorte que le Seigneur de Faïence s'unît

avec les Florentins, ou du moins, pour empêcher, autant qu'on pourroit, Agnolo della Pergola de faire des courses dans la Romagne. Mais, comme cette vallée est très-forte, & les habitans aguerris, le comte Oddo y fut tué, & Nicolas Piccinino mené prisonnier à Faïence. D'autre côté, la fortune voulut que les Florentins obtinssent, par l'occasion de leur perte, ce qu'ils n'auroient peut-être jamais obtenu par leur victoire, parce que Nicolas Piccinino négocia si adroitement avec le Seigneur de Faïence & sa mere, qu'il les fit entrer dans l'alliance de la république. Mais ce général ne fit pas pour lui-même ce qu'il avoit conseillé aux autres; car comme il traitoit avec l'Etat, touchant sa paie, soit que les conditions lui parussent peu avantageuses, soit qu'il les trouvât meilleures ailleurs, il partit d'Arrezzo, où il étoit dans sa maison, & s'en alla avec précipitation en Lombardie, où il se mit au service du duc de Milan.

Les Florentins, intimidés par cet accident, & épouvantés par tant de dépenses perdues, jugerent qu'ils ne pouvoient plus soutenir cette guerre eux seuls. Ils envoyerent donc des ambassadeurs aux Vénitiens, les prier de s'opposer aux progrès d'un prince, dont la grandeur & l'ac-

croissement leur seroit aussi pernicieux qu'à
eux-mêmes, s'ils n'y remédioient pendant qu'il
leur étoit encore facile. François Carmignole,
qui passoit en ce tems-là pour très-grand capitaine, & qui, ayant été au service du Duc, s'en
étoit détaché, conseilloit aussi la même chose à
la seigneurie de Venise. Mais elle étoit en suspens sur le parti qu'elle devoit prendre, parce
qu'elle appréhendoit que la mésintelligence entre
le Duc & Carmignole ne fût une feinte : &
comme elle étoit dans ce doute, le Duc ayant
débauché un domestique de Carmignole, le fit
empoisonner ; mais le poison ne fut pas assez
violent pour le tuer, l'ayant seulement mis à
l'extrémité. Si-tôt que les Vénitiens eurent découvert l'origine de ce mal, cela leur ôta tout soupçon, & les Florentins continuant à les solliciter,
ils firent ligue ensemble dans laquelle les deux
Etats s'obligerent à faire la guerre à frais communs, & aux conditions que les conquêtes qu'on
feroit en Lombardie seroient au profit des Vénitiens, que celles qu'on feroit dans la Romagne &
dans la Toscane, appartiendroient aux Florentins ;
& que Carmignole seroit le capitaine général de
la ligue.

Moyennant ce traité, la Lombardie devint le
théâtre de la guerre, que Carmignole fit avec
beaucoup de conduite & de valeur, ayant en fort

peu de tems emporté plusieurs places au Duc, avec la ville de Bresce, dont la conquête fut estimée miraculeuse dans ces tems-là, vu la maniere de faire la guerre alors. Cette guerre avoit duré depuis l'an 1422 ans jusqu'en vingt-sept, & les citoyens de Florence étoient las des impôts qu'on avoit payés jusqu'alors ; desorte qu'il fallut les changer : & afin qu'ils fussent proportionnés aux facultés de chacun, on ordonna que ceux qui auroient vaillant cent florins, en payeroient un demi à l'Etat. Cette imposition étant réglée par la loi, & non par la discrétion des gens, les citoyens riches s'en trouverent fort chargés, & ils s'y opposerent devant qu'elle fût résolue : il n'y avoit que Jean de Médicis qui l'approuvoit publiquement ; de sorte qu'elle passa (1). Cette nouvelle maniere de lever les deniers publics mit un frein à la tyrannie des plus puissans, parce qu'ils ne pouvoient plus maltraiter les autres par la voie des impôts, ni leur imposer silence dans les conseils par des menaces, comme ils faisoient auparavant. Cette taxe étoit donc approuvée du gros des habitans ; il n'y avoit que les riches qui s'en plaignoient fortement.

─────────────

(1) J'omets ici une période de l'original, où l'auteur donne l'origine et l'étymologie du nom Toscan qu'on donne à cet impôt.

Mais comme il arrive que les hommes ne sont jamais contens, & que quand ils ont obtenu une chose, ils en veulent une autre, le peuple, ne se contentant pas de l'égalité que la loi mettoit par cette maniere d'imposer, vouloit, outre cela, qu'on remontât aux années passées, & qu'on examinât, sur le pied de cette nouvelle loi, ce que les riches avoient payé de moins par les précédens réglemens, & qu'on les fît payer jusqu'à la concurrence d'une parfaite égalité avec ceux qui, n'ayant pas eu le moyen de payer ce qu'ils ne devoient point, avoient été contraints de vendre leurs héritages pour en venir à bout. Cette nouvelle demande épouvanta les grands encore plus que n'avoit fait la derniere loi; & afin de s'en mettre à couvert, ils ne cessoient point de blâmer cette loi qu'ils disoient être très-injuste, parce qu'elle s'étendoit jusques sur les biens mobiliers qu'on possede aujourd'hui, & qui demain se perdent : qu'outre cela, plusieurs personnes avoient de l'argent caché, que le nouvel impôt ne pouvoit découvrir. Ils ajoutoient encore que, laissant leurs propres affaires pour vaquer à celles du public, ils ne devoient pas être si chargés que les autres, puisqu'on devroit être content des peines qu'ils se donnoient, & qu'il n'étoit pas juste que l'Etat profitât tout-à-la-fois, & de leurs travaux & de leurs biens, pendant que les autres ne contribuoient que de leur bourse au service de la république.

Ceux d'autre côté qui étoient pour le nouvel impôt, disoient : » Que si les biens mobiliers
» changent de main, la taxe change de meme ;
» & pour ceux qui ont de l'argent dans leurs
» coffres, il n'est pas juste que, ne rendant point
» de revenu, on en paye la taxe ; & si l'on le
» met en valeur il est aisé de le découvrir :
» qu'au reste, s'il est à charge à ceux qui se
» plaignent de cette loi de rendre leurs services
» à l'Etat, ils n'ont qu'à y renoncer, & à se
» décharger de cette fatigue, parce qu'ils se
» trouvera des citoyens si affectionnés au bien
» public, qu'ils voudront bien rendre leurs ser-
» vices à la république en payant les impôts :
» que d'ailleurs l'on tire tant d'avantage &
» d'honneur d'avoir part au gouvernement,
» qu'ils en devroient être contens, sans vouloir
» encore être exempts des charges publiques «.

Mais ces gens-là n'avoient pas l'intention de couvrir l'endroit qui les blessoit ; car le plus grand mal qu'ils trouvoient dans cette affaire, c'étoit de ce qu'ils ne pouvoient plus entre-prendre de guerres, sans y contribuer comme

les autres : & si l'on se fût avisé de cette loi
dès le commencement, d'abord on n'auroit point
eu autrefois de guerre avec le roi de Naples,
ni aujourd'hui avec le duc de Milan ; car on
les avoit entreprises sans nécessité, & à dessein
seulement d'enrichir quelques citoyens.

Jean de Médicis tâchoit d'appaiser l'émotion
de ces humeurs, faisant voir » qu'il n'étoit pas
» à-propos de remonter au tems passé, mais
» seulement de pourvoir à l'avenir, & que si
» les impôts avoient été autrefois injustes, il
» falloit remercier Dieu de ce qu'on avoit
» trouvé remede à cette inégalité : qu'au reste
» il falloit se prévaloir d'un si grand avantage
» à réunir les esprits & non pas à mettre la
» division dans l'Etat, ce qui arriveroit infailli-
« blement si l'on vouloit rechercher le passé,
» & réduire les impôts d'alors à la proportion
» de ceux d'aujourd'hui : qu'enfin ceux qui se
» contentent d'une demie victoire sont plus
» prudens que les autres, parce que quand on
» veut pousser les choses jusqu'à l'extrémité,
» souvent on vient à tout perdre «. Avec ces
raisons Médicis vint à bout d'appaiser ces émo-
tions, & d'empêcher qu'on parlât encore d'égaler
les impôts payés autrefois.

La guerre ayant cependant continué avec le
Duc

Duc, l'on fit enfin un traité de paix à Ferrare, par la médiation d'un légat du pape ; mais le Duc n'en observant point d'abord les conditions, la ligue reprit les armes, & le défit à Maclovio. Quand le Duc se vit battu, il renoua de nouveaux pourparlers de paix ; & les uns & les autres y donnerent les mains. Les Florentins le firent parce qu'ils étoient devenus jaloux des Vénitiens, trouvant qu'ils dépensoient beaucoup pour rendre puissans les autres. Les Vénitiens furent aussi portés à la paix, parce qu'ils s'apperçurent que depuis que Carmignole eût battu le Duc, il portoit les choses en longueur ; de sorte qu'ils ne crurent pas pouvoir se fier à lui davantage.

La paix fut donc conclue en mil quatre cent vingt-huit ; & par le traité les Florentins rentrerent dans leurs places de la Romagne, & Bresce demeura aux Vénitiens à qui le Duc céda encore Bergame & son territoire. Cette guerre coûta aux Florentins trois millions cinq cents mille ducats, & avec cette dépense ils rendirent les Vénitiens puissans, n'ayant attiré chez eux-mêmes que la pauvreté & la division.

La paix faite au-dehors réveilla la discorde au-dedans ; car les grands ne pouvant souffrir le nouvel impôt, & ne voyant point le moyen de l'abolir, ils tâcherent de le faire désapprouver,

afin d'avoir plus de camarades pour le faire
changer. Pour cet effet ils firent entendre aux
commissaires députés à la taxe, que la loi les
obligeoit aussi à rechercher les biens de ceux
qui en avoient dans le territoire, afin de voir
s'il n'y en avoit point qui appartinssent aux
habitans. Ils citerent donc tous ceux qui y
tenoient des possessions, afin d'apporter tous
les titres de leurs héritages dans un tems marqué;
ce qui fit que les habitans de Volterre envoyerent
des députés à la seigneurie, pour y porter leurs
plaintes : ce qui ayant piqué les commissaires
de la taxe, ils mirent en prison dix-huit de ces
habitans-là. Cette action les mit tous fort en
colere : cependant ils n'entreprirent rien, de
peur de nuire à leurs compatriotes prisonniers.

Dans ce tems-là Jean de Médicis tomba malade,
& ayant connu que sa maladie étoit mortelle,
il fit venir Cosme & Laurent ses enfans, & leur
dit : » Qu'il croyoit avoir atteint le terme que
» Dieu avoit marqué à ses jours : qu'il mourroit
» content, puisqu'il les laissoit pleins de santé
» & de richesses & en état de vivre en honneur,
» & avec l'approbation générale, s'ils vouloient
» suivre ses traces : que rien ne lui donnoit tant
» de satisfaction en mourant, que le souvenir
» qu'il avoit de n'avoir jamais offensé personne;

» au contraire, qu'il se rendoit ce témoignage
» d'avoir fait du bien à tous autant qu'il avoit
» pu ; qu'il les exhortoit à l'imiter en cela. Pour
» ce qui est du gouvernement il leur ordonnoit
» de n'y prendre que la part que les loix & les
» citoyens leur en donneroient, afin qu'ils pussent
» vivre en sureté : que ce n'étoit pas ce qu'on
» donnoit aux hommes qui les faisoit haïr, mais
» ce qu'ils usurpoient : qu'ils en auroient par
» ces voies-là beaucoup plus que ceux, qui,
» voulant anticiper sur les autres, perdent le
» leur propre, & devant que de le perdre,
» vivent dans des peines continuelles : que c'étoit
» avec la conduite qu'il leur ordonnoit qu'il avoit
» conservé & augmenté son crédit dans la répu-
» blique, au milieu de beaucoup d'ennemis &
» de beaucoup de contradictions ; qu'en marchant
» dans la même route ils se maintiendroient, &
» monteroient peut-être encore plus haut ; mais
» s'ils s'en éloignoient, qu'ils pensassent bien
» qu'ils n'auroient pas un succès plus heureux
» que ceux qui, dans les tems passés, étoient
» misérablement péris, & avoient ruiné leurs
maisons «. Il mourut peu de tems après, & il
laissa presque toute la ville dans une grande
affliction de sa mort, ce qui étoit extrémement
dû à son mérite.

C 2

Jean de Médicis fut très-charitable, & sans attendre qu'on lui demandât, il secouroit les pauvres, & les prévenoit dans leur nécessité. Il aimoit tout le monde, louant les honnêtes gens, & ayant compassion des méchans. Il ne brigua jamais les charges & il les eut toutes. Il n'alla jamais au palais sans y être appelé. Il aimoit la paix & évitoit la guerre. Dans la mauvaise fortune il soutenoit les gens, & dans la bonne il leur aidoit. Bien loin de tâcher à s'enrichir du bien du public, il cherchoit à l'augmenter. Dans la magistrature il étoit agréable, d'une éloquence médiocre, mais d'une très-grande prudence. Il avoit l'air mélancolique ; mais dans la conversation il étoit gai & railleur. Il mourut très-opulent ; mais les grandes richesses qu'il avoit étoient moindres que l'honneur dont il fut comblé, que la réputation qu'il s'étoit acquise, & que la tendresse que le peuple avoit pour lui. Cosme son fils augmenta encore les richesses qu'il lui avoit laissées ; & ne se contentant pas d'augmenter les biens de la fortune, il porta encore plus loin que son pere tous les autres.

Les habitans de Volterre, las de leur prison, promirent pour en sortir de faire ce qu'on exigeoit d'eux. Etant donc libres & de retour à Volterre, le tems vint qu'on y devoit faire de nouveaux prieurs. Entre ceux qui furent tirés, il y en eut un nommé Juste, qui, quoique de basse condition, avoit du crédit parmi le peuple, & étoit un de ceux qui avoient été emprisonnés à Florence. Cet homme déjà piqué en son particulier contre les Florentins, & animé par l'injustice qu'ils faisoient à sa patrie, fut encore excité par un homme de qualité nommé Jean de **, qui étoit son collegue dans la magistrature, & qui le porta à émouvoir le peuple, sous le bon plaisir des prieurs & par son crédit, afin de tirer Volterre de la domination des Florentins & de s'en faire souverain. Ce fut donc à sa persuasion que Juste prit les armes, courut tous les quartiers de la ville, prit prisonnier le gouverneur qui y étoit de la part des Florentins, & se fit souverain par le consentement du peuple. Ce nouvel accident déplut beaucoup à la république ; néanmoins ayant fait tout nouvellement la paix avec le Duc, ils crurent qu'ils auroient bien le tems de rentrer en possession de ce lieu-là ; & sans différer davantage, ils envoyerent Renaud d'Albizi & Palla Strozzi pour faire cette expédition. Juste cependant qui jugeoit bien que les Florentins ne le laisseroient pas en repos, demanda du secours à Sienne & à Luques. La république de Sienne ne voulut pas lui en donner, disant qu'elle étoit en alliance avec Florence ; & Pagolo Guinigi, seigneur de Luques, voulant regagner les bonnes grâces des Florentins, qu'il craignoit d'avoir perdues dans la guerre du Duc de Milan, dont il avoit paru ami, non-seulement refusa le secours que Juste lui demandoit, mais même il envoya prisonnier à Florence le député qui étoit venu de sa part.

Cependant les chefs des troupes florentines, voulant surprendre Volterre au dépourvu, rassemblerent tout ce qu'ils avoient de gendarmes, & leverent assez d'infanterie dans le val d'Arne & le plat-pays de Pise ; puis ils marcherent du côté de Volterre. Juste, de son côté, sans s'étonner de ce que ses voisins l'abandonnoient, & de ce que les Florentins faisoient de grands préparatifs contre lui, ne s'oublioit point : mais se confiant dans la bonne situation & la force de sa place, il se disposoit à se bien défendre.

Il y avoit dans Volterre un nommé Arcolano, frere de ce Jean, qui avoit conseillé à Juste de se faire souverain, qui avoit du crédit parmi la noblesse. Cet homme assembla ses meilleurs amis, & leur fit voir comment Dieu pourvoyoit aux besoins de leur ville : » Car, disoit-il, si vous » voulez bien prendre les armes, ôter la souve- » raineté à Juste & rendre la ville aux Florentins,

» il en résultera que nous deviendrons les pre-
» miers du pays, & que nous en conserverons
» les anciens priviléges «. Etant donc demeurés
d'accord de la chose, ils allerent au palais où
le souverain reposoit ; & pendant qu'une partie
d'entr'eux demeura en-bas, Arcolano avec trois
autres monta en-haut dans la salle, où l'ayant
trouvé avec quelques citoyens il le tira à part,
comme s'il avoit à l'entretenir de quelque chose
de conséquence, & d'un discours passant à l'autre
il le mena dans une chambre, où lui & ceux qui
étoient avec lui l'attaquerent l'épée à la main ;
ce qu'ils ne purent pourtant pas faire sans que
Juste n'eût aussi le tems de tirer l'épée, & de
blesser dangereusement deux des assassins. Mais
ne pouvant résister à tant de gens, il fut couché
sur le carreau ; après quoi les partisans d'Arcolano,
prenant les armes, livrerent la ville aux chefs des
Florentins, qui en étoient proche avec leurs
troupes, & qui y entrerent sans faire aucune
capitulation, ce qui empira la condition de
Volterre : car entr'autres innovations, ils en
démembrerent une partie du territoire, & en
firent un bailliage (1).

____

(1) Il y a dans l'original un Vicariat qui revient à la
signification de Bailliage à-peu-près.

Volterre ayant donc été perdue & regagnée presque en même tems, on ne voyoit pas de nouveaux sujets de guerre, si l'ambition de certaines gens n'en avoit point fait naître. Fortebraccio, fils d'une sœur de Braccio de Perouse, avoit long tems fait la guerre au service des Florentins contre le duc de Milan. Quand la paix fut faite, la république lui donna son congé; & quand l'accident de Volterre arriva, il étoit encore logé dans Fuccecquio; ce qui donna lieu à ceux qui avoient la charge de réduire les rebelles, de se prévaloir de lui & de son monde. L'on soupçonne que dans le tems que Renaud d'Albizi conduisoit cette expédition avec lui, il lui mit dans l'esprit d'attaquer l'Etat de Luques, sous quelque prétexte recherché, lui faisant entendre que s'il y consentoit, il feroit ensorte que ce dessein seroit approuvé à Florence, & qu'on l'en rendroit le chef. Ainsi Volterre étant réduite, Fortebraccio retourna à Fuccecquio; & ce fut-là que par son propre mouvement, ou à la persuasion d'Abizi, il prit trois cens chevaux & trois cens fantasssins, & s'empara de Ruoti & de Campito, deux châteaux appartenans à l'Etat de Luques. Cette expédition se fit en novembre mil quatre cent vingt-neuf. Ensuite, descendant dans la plaine, il fit un gros butin.

Cette nouvelle étant venue à Florence il se fit par la ville plusieurs pelottons de toutes sortes de gens ; & la plupart vouloient qu'on fît une entreprise sur la ville de Luques. Les grands, qui y étoient portés, étoient tous ceux du parti des Médicis, auxquels Albizi s'étoit joint, soit qu'il jugeât la chose avantageuse à l'Etat, soit qu'il crût de pouvoir devenir le chef de cette guerre. Tous ceux qui la désaprouvoient étoient tous les partisans de Nicolas d'Uzano. Et c'est une chose difficile à croire, que dans une même ville il y eût une si grande contrariété de pensées au sujet d'un projet de guerre ; car il est étonnant, que ceux-là mêmes, qui après dix ans de paix désaprouvoient une guerre contre le duc de Milan, où il s'agissoit de conserver leur liberté, demandassent avec tant d'instance qu'on la déclarât à Luques, après tant de dépenses faites, & dans le mauvais état où étoit la ville, le tout dans le dessein d'opprimer la liberté des autres. D'autre côté, n'est-il pas surprenant que ceux qui avoient été si fort portés à la premiere de ces guerres, désaprouvassent celle-ci ? Cela fait bien voir que les sentimens changent avec les tems, & que le général des hommes est plus porté à s'emparer du bien d'autrui, qu'à conserver le

sien propre, parce qu'on est plus poussé par
l'espérance d'acquérir, que retenu par la crainte
de perdre, n'étant pas possible qu'on se per-
suade la perte, que lors qu'on la voit de près :
& pour l'espérance, elle flatte toujours, quoiqu'éloignée. D'ailleurs, le peuple de Florence
se répaissoit d'espérance à la vue des conquêtes
de Fortebraccio, & à cause des lettres & des
avis que donnoient les ministres de la république qui étoient dans le voisinage de Luques ;
car les recteurs de Pescia & de Vico faisoient
entendre que si on leur donnoit pouvoir de
recevoir les châteaux qu'on venoit leur offrir, dans peu l'on se rendroit maître de tout
le territoire de Luques. Ajoutez à cela que le
Seigneur de Luques avoit envoyé un ambassadeur à Florence, pour y porter des plaintes
des attentats de Fortebraccio, & pour prier les
Seigneurs de ne pas troubler un bon voisin, &
une ville avec qui ils avoient toujours vécu en
bonne intelligence. Cet ambassadeur avoit nom
Jacques Viviani, qui peu auparavant, avoit été
mis en prison par Pagolo Guinigi, Seigneur de
Luques, parce qu'il étoit entré dans une cons-
piration contre lui : & bien qu'il fût convaincu
du crime, néanmoins ce prince lui fit grâce ;
& ensuite croyant se l'être acquis par une si

grande faveur, il se fioit en lui. Mais, Viviani, se souvenant bien plus du risque où il avoit été, que de la grâce qu'il avoit reçue étant à Florence, poussoit sous mains les citoyens à entreprendre cette guerre; ce qui joint à l'espérance qu'on avoit déjà, détermina les Seigneurs à assembler le grand conseil, où il se trouva quatre cents quatre-vingt-dix-huit citoyens, en présence desquels la question fut agitée par les principaux de la ville.

Renaud d'Albizi étoit un des premiers qui vouloit la chose, ainsi que nous venons de le marquer. Il faisoit donc entendre tous les avantages qui reviendroient de cette conquéte. Il faisoit voir » que la conjoncture étoit favora-
» ble, puisque les Vénitiens & le duc de Milan
» n'avoient point compris cette ville-là dans le
» traité, & que le pape ne pouvoit point les
» traverser dans leur dessein, puisqu'il étoit
» assez occupé par les affaires du royaume de
» Naples. Il ajoutoit à cela la facilité du suc-
» cès, puisque cet Etat étoit tyrannisé par un
» de ses citoyens, n'ayant par conséquent, ni
» le moyen, ni la volonté de se défendre,
» comme lorsqu'il s'agissoit de conserver sa
» liberté: de sorte que le peuple livreroit vo-
» lontiers la ville pour se délivrer du tyran,

» ou même le tyan la céderoit par la crainte
» qu'il auroit de ses sujets «. Il représentoit aussi
les insultes qu'il avoit faites à notre Etat, &
sa mauvaise volonté pour nous, ajoutant, » que
» cet homme-là seroit à craindre, si l'on venoit
» à avoir la guerre, ou avec le pape, on avec
» le duc de Milan. Enfin, sa conclusion étoit,
» que jamais la république n'avoit rien entre-
» pris, ni de plus aisé, ni de plus avantageux,
» ni de plus juste. «

Nicolas d'Uzano disoit, au contraire, » que
» Florence n'avoit jamais rien entrepris de plus
» injuste, ni de plus dangereux, & dont les
» suites pussent apporter plus de préjudice.
» Premierement qu'on alloit faire la guerre à
» une ville du parti des Guelfes, amie de tout
» tems de notre Etat, & qui s'étoit exposée
» bien des fois à beaucoup de dangers, pour
» recevoir dans son sein nos refugiés Guelfes,
» qui n'avoient pas la liberté de vivre dans leur
» patrie : qu'on ne voyoit pas dans les annales
» de la république que Luques eût jamais of-
» fensé Florence : que si cela étoit arrivé au-
» trefois sous Castruccio, & depuis peu sous
» Guinigi, qu'il n'en falloit pas imputer la fau-
» te à l'Etat, mais à ses tyrans : que si l'on
» pouvoit faire la guerre à celui d'aujourd'hui,

» sans endommager les citoyens, qu'il n'y se-
» roit pas si contraire ; mais que puisque cela
» étoit impossible, il ne pouvoit pas consen-
» tir qu'on ruinât une ville, qui avoit toujours
» été leur amie.

» Cependant, puisque l'on vivoit à présent
» dans un siecle où l'on ne distingue pas entre
» ce qui est juste & ce qui ne l'est pas, il ne
» vouloit point insister sur ces raisons, mais
» regarder seulement à l'utilité de la républi-
» que : qu'ainsi il croyoit qu'on pouvoit dire
» une chose avantageuse, lorsqu'il étoit diffi-
» cile qu'elle apportât du préjudice : que par
» conséquent il ne savoit pas comment l'on
» pouvoit appeller utile une entreprise, où
» les pertes sont certaines & le profit dou-
» teux. Les pertes certaines sont les frais qu'elle
» tire après soi & qui doivent être si grands,
» qu'ils seroient capables d'épouvanter une
» ville enrichie par une longue paix ; & com-
» bien plus un Etat épuisé par une rude & lon-
» gue guerre, comme est celui de Florence.
» L'utilité qui en pourroit revenir seroit la
» conquête de Luques, qu'il avouoit être con-
» sidérable ; mais qu'il falloit faire réflexion sur
» l'incertitude de cette conquête, qui lui pa-
» roissoit si grande qu'il jugeoit la chose im-

» possible : & qu'ils ne s'imaginassent pas que
» le duc de Milan & les Vénitiens fussent con-
» tens de cette révolution ; car ces derniers ne
» paroissoient y consentir que pour ne paroître
» pas ingrats envers les Florentins, qui leur
» avoient fait faire de si belles conquêtes, en
» leur fournissant tant d'argent. Pour le duc ,
» que c'étoit son intérêt de voir la répu-
» blique rentrer dans une nouvelle guerre &
» dans de nouvelles dépenses, afin de donner
» dessus quand elle seroit abbatue par la fati-
» gue , & épuisée de finances : que même au
» milieu de l'entreprise , & lorsqu'on auroit
» les plus belles espérances de la victoire, il
» ne manqueroit pas de moyens de secourir
» Luques, ou en lui envoyant de l'argent sous
» main , ou en cassant ses troupes, & les fai-
» sant passer à son service comme des avantu-
» riers : qu'il conseilloit donc de ne point pen-
» ser à cette affaire , mais de faire tout ce qu'on
» pourroit pour susciter au tyran des ennemis
» chez lui-même , parce que le moyen le plus
» assuré pour venir à bout de conquérir la
» ville, c'étoit de la laisser sous son tyran ,
» qui l'affligeroit & l'affoibliroit assez : ensorte
» que la chose étant conduite avec prudence ,
» elle seroit enfin réduite aux termes que le

» tyran ne pourroit plus la conserver, & qu'elle
» seroit obligée de se jetter entre nos bras,
» n'étant pas en état de se gouverner elle-même :
» que cependant, il voyoit bien qu'on étoit
» animé à la chose, & que ses raisons ne fai-
» soient pas d'impression ; mais qu'il vouloit
» leur pronostiquer qu'ils alloient faire une
» guerre qui leur coûteroit beaucoup, & où ils
» rencontreroient bien des obstacles : qu'au lieu
» de conquérir Luques, ils la délivreroient du
» tyran, & qu'au lieu d'une ville amie, sou-
» mise & foible, ils en feroient un Etat libre
» & ennemi, qui avec le tems, seroit un obsta-
» cle à la grandeur de leur république «.

Après qu'on eut parlé pour & contre sur
cette matiere, on vint selon la coutume à
recueillir secrettement les voix, & de tous ceux
qui étoient présens, il n'y en eut que quatre-
vingt-dix-huit qui ne fusssent pas d'avis de la
chose. La résolution ayant donc été formée,
& le conseil des dix établi pour la direction de
cette guerre, l'on fit des levées d'infanterie &
de cavalerie, & l'on en commit toute la conduite à Astorre Gianni, & à Renaud d'Albizi.
L'on traita aussi avec Fortebraccio pour les
châteaux qu'il avoit pris, & pour l'engager
au service de la république. Les chefs étant

arrivés avec les troupes dans le territoire de
Luques, ils se partagerent ; & Astorre Gianni
s'étendit dans la plaine du côté de Camaggiore
& de Pietra Santa, & Albizi tira vers les montagnes, jugeant qu'on viendroit aisément à bout de la
ville lorsqu'on l'auroit dépouillée de son territoire.

Ces gens-ici ne furent pas heureux dans leurs
entreprises. Ce n'est pas qu'ils ne prissent assez
de châteaux, mais c'est qu'on blâma beaucoup
leur conduite. Il est vrai que Gianni fut convaincu entiérement des accusations qu'on faisoit
contre lui. Il y a une vallée auprès de Pietra
Santa, riche & pleine d'habitans, qui voyant
la venue du commandant, allerent au-devant
de lui, le suppliant de les recevoir comme
fideles sujets du peuple Florentin. Gianni parut
accepter leur offre ; ensuite il fit prendre par
ses gens tous les passages & tous les endroits
forts de la vallée ; après quoi il fit assembler
tous les hommes dans une de leurs principales
églises, & les fit tous prisonniers de guerre ;
puis il saccagea & détruisit le pays avec une
barbarie & une avarice excessives, sans épar-
gner ni les lieux saints, ni les femmes, ni les
filles. On sut à Florence la maniere dont tout
se passa, ce qui déplut beaucoup aux magistrats & à toute la ville. Quelques-uns de ces
pauvres

pauvres gens - là, étant échappés des mains
du commandant, s'en étoient fuis à Florence,
& dans toutes les rues ils récitoient leurs malheurs à tout le monde ; desorte qu'étant poussés par bien des gens, qui souhaitoient qu'on
punit le commandant, ou parce qu'il étoit cri-
minel, ou parce qu'il étoit contraire à leur faction,
ces malheureux s'adresserent au conseil des dix, &
demanderent d'être entendus. Quand ils furent
admis à l'audience, l'un deux parla en ces termes :

» Nous sommes persuadés, magnifiques Sei
» gneurs, que vous ajouterez foi à ce que nous
» vous dirons, & que vous serez touchés de
» nos malheurs, quand vous saurez de quelle ma-
» niere le commandant de vos troupes est entré
» dans notre pays, & les traitemens qu'il nous a
» fait ensuite. Notre vallée a toujours été dans
» le parti des Guelfes. Elle a bien des fois donné
» une retraite assurée à vos citoyens refugiés,
» lorsqu'ils étoient persécutés par les Gibelins,
» & vos archives doivent être remplies des
» histoires de ce que j'avance ici. Nos
» ancêtres ont de plus toujours eu une sin-
» guliere vénération pour cette illustre répu-
» blique, qu'ils ont regardée comme le chef
» de ce parti ; & pendant que Luques a
» tenu pour les Guelfes, nous nous sommes

» volontiers soumis à elle : mais depuis qu'elle
» est tombée entre les mains du tyran, qui
» abandonnoit les anciens amis, en se rangeant
» du côté des Gibelins, c'est par force, & non
» de notre consentement, que nous sommes
» demeurés dans cette dépendance. Dieu sait
» combien de fois nous l'avons supplié de nous
» faire naître l'occasion de marquer notre incli-
» nation pour notre ancien parti. Mais, que
» les hommes sont aveugles dans les vœux qu'ils
» font ! Ce que nous demandions à dieu comme
» votre délivrance est aujourd'hui la cause de
» notre désolation. Car, dès que nous avons
» su qu'on venoit à nous sous vos étendarts,
» nous sommes allés au-devant, non comme
» à des ennemis, mais comme à nos anciens
» maîtres, & nous avons remis entre les mains
» de votre commandant notre vallée, nos biens,
» nous-mêmes, & nous nous sommes confiés
» entièrement à lui pensant qu'au moins il au-
» roit les sentimens d'un homme, s'il n'avoit
» pas le cœur florentin. »

» Nous vous demandons pardon, si nous
» parlons comme nous faisons : mais les excès
» de nos souffrances, qui passent toute imagi-
» tion, nous obligent à parler de la sorte : car
» il est vrai que le commandant, à qui vous

» avez donné la conduite de vos troupes, n'a
» rien conservé de l'homme que la figure, &
» de Florentin que le nom. Du-reste, c'est
» une peste qui porte la mort par-tout où elle
» passe ; c'est une bête féroce & un monstre
» affreux, qu'aucun auteur ne pourroit dépein-
» dre ; car après nous avoir fait assembler dans
» une de nos églises, sous prétexte de vou-
» loir nous dire quelque chose, il nous y a fait
» tous prisonniers. Ensuite, il a ravagé & mis
» en feu toute notre vallée, après en avoir en-
» levé les habitans & les biens. Il nous a dé-
» pouillés, saccagés, outragés de coups, &
» assassinés. Il a violé nos femmes & nos filles, &
» après les avoir arrachées du sein de leurs meres,
» il les a exposées à la brutalité du soldat. Si
» nous avions fait quelque insulte à la républi-
» que ou à lui-même, & que nous nous fussions
» attiré ces désolations, étant pris les armes à
» la main, nous n'aurions pas tant de lieu de
» nous plaindre ; au contraire, nous aurions lieu
» de nous accuser nous-mêmes de nous être pré-
» cipités volontairement, & par notre témérité
» dans ces malheurs. Mais, qu'il ait traité si
» barbarement & si honteusement des amis qui
» se sont rendus à lui volontairement, c'est ce
» qui nous arrache tous nos cris & tous nos

» sanglots : & quoique nous eussions pu rem-
» plir toute la Lombardie de nos plaintes, &
» répandre par toute l'Italie le récit de ces ou-
» trages, nous ne l'avons pourtant pas voulu
» faire, pour ne pas attirer sur cette illustre
» république une infamie qui ne regarde qu'un
» de ses indignes citoyens. Car si avant nos
» malheurs nous eussions connu son avarice,
» nous aurions fait ensorte de combler cet
» abîme par une partie de nos biens, afin de
» sauver l'autre. »

» Mais puisqu'il n'est plus tems, nous avons
» voulu recourir à vous, pour vous supplier
» d'adoucir les miseres de nos pauvres habi-
» tans, afin de ne pas détourner, par notre
» funeste exemple, les autres peuples de se ran_
» ger sous votre empire. Et si nos malheurs
» ne vous touchent pas, au moins redoutez la
» colere de dieu, qui a vu s'accager & brûler
» ses temples & trahir son peuple, jusques dans
» son sein. «

Après avoir prononcé ce discours, ils se jetterent en terre, criant & suppliant qu'on leur
restituât, & leurs biens, & leur pays, & que
puisqu'il étoit impossible de leur rendre l'honneur qu'on leur avoit ravi, au moins on rendît
les femmes à leurs maris & les filles à leurs
peres.

L'atrocité de cette barbarie ayant été repré-
sentée par le récit de ces malheureux, le magistrat en fut touché, & sans délai on commanda
à Gianni de revenir ; ensuite il fut condamné
& averti. On fit recherche de tout ce qui pouvoit appartenir à ces habitans-là ; on leur resti-
tua tout ce qu'on en put recouvrer ; & l'Etat les
dédommagea du reste dans la suite.

D'autre côté, Renaud d'Albizi étoit accusé
de faire la guerre pour son profit, & non pour
celui de la république. On ajoutoit que depuis
qu'on lui avoit donné le commandement des
troupes, il n'avoit plus envie de prendre Luques, parce qu'il lui suffisoit de piller la campagne, & de remplir ses terres de bestiaux & ses
maisons de butin, que de plus, non content
du pillage qu'il faisoit faire par ses satellites pour
son compte, il achetoit encore celui que les
soldats faisoient : de sorte que de général il
étoit devenu marchand. Ces calomnies étant
venues à ses oreilles, firent plus d'impression
sur sa fierté & sur sa bonne conscience, qu'il
n'étoit bienséant pour sa gravité. Il en fut donc
si touché que piqué contre le magistrat & les
citoyens, sans attendre ou demander aucun congé, il s'en vint à Florence, & s'étant présenté
au conseil des dix, il leur dit, » qu'il n'ignoroit

» pas les peines & les dangers où l'on s'expose
» en servant un peuple maître de soi, & une
» république en division ; car l'un augmente tous
» les bruits qui courent ; l'autre punit toutes
» les mauvaises actions, ne récompense point les
» bonnes, & interprète mal les douteuses : ainsi
» lorsque vous remportez la victoire, personne
» ne vous loue ; & si vous faites quelque fau-
» te, chacun vous calomnie, parce que le parti
» dont vous êtes vous porte envie, & celui
» qui est opposé vous persécute : que n'éan-
» moins, il n'avoit jamais manqué aucune occa-
» sion dont il pût venir un avantage assuré à
» l'Etat, pour se mettre à convert d'un blâme
» mal fondé : qu'il étoit pourtant vrai que
» l'infamie des calomnies dont on le noircis-
» soit, avoit poussé sa patience à bout, &
» l'avoit fait agir contre son propre penchant :
» que par conséquent il supplioit messieurs
» du conseil d'être à l'avenir plus prompts à
» défendre leurs citoyens, pour les encourager
» davantage à bien servir leur patrie ; & puis-
» que ce n'étoit pas l'usage à Florence de leur
» accorder l'honneur du triomphe, qu'au moins
» on les mît à couvert des fausses accusations :
» qu'ils se souvinssent qu'ils étoient eux-mêmes
» du nombre des citoyens, & qu'à tout moment

» on pourroit leur imposer des choses, qui
« leur feroient ressentir combien les calomnies
» outrent les gens d'honneur, & qui sont sans
» reproches. «

Les dix firent tout ce qu'ils purent pour le
tems, afin d'adoucir le chagrin d'Albizi, & ils
donnerent la conduite de cette guerre à Néri de
Gino & à Alaman Salviati. Ces nouveaux commandans, sans s'amuser à faire des courses par
le territoire de Luques, allerent mettre le siège
devant la ville. Mais, parce qu'il faisoit encore
froid, ils se posterent d'abord à Campanole, où
ils virent bien-tôt qu'on y perdroit le tems ; &
comme ils vouloient approcher plus près de la
ville, les soldats y répugnoient, à cause de la
rigueur de la saison, quoique les dix pressas-
sent pour qu'on commençât le siège, & ne voulussent recevoir aucune excuse pour le contraire.

Il y avoit dans ce tems-là à Florence un excellent architecte nommé Philippe, fils du sieur
Brunellesco. Notre ville étoit remplie de ses
ouvrages, jusque-là, qu'il mérita qu'après sa
mort on lui érigeât une statue de marbre dans
la principale église de Florence, avec une ins-
cription au bas, qui rend témoignage de ses belles
qualités. Cet habile homme soutenoit, qu'on

pouvoit inonder Luques, vu la situation & le
lit de la riviere de Serquio ; enfin il le persuada
si bien, que les dix donnerent ordre d'en faire
l'expérience. Mais cela ne produisit que l'en-
dommagement de notre campagne & une meilleure défense à l'ennemi ; car les habitans de
Luques firent une digue du côté qu'on faisoit
venir le Serquio ; & une nuit, ils firent une ouver-
ture à la levée du Canal qui conduisoit l'eau :
desorte que cette eau rencontrant la digue qu'on
avoit élevée du côté de la ville, qui s'opposoit
à son passage, & trouvant une sortie par l'ou-
verture qu'on avoit faite à la levée du Canal,
elle se répandit tellement dans la plaine, que
bien loin de pouvoir s'approcher de la place
pour l'assiéger, il fallut s'éloigner du poste où
l'on avoit campé auparant.

Ce dessein n'ayant pas réussi, le nouveau
magistrat des dix envoya Jean Guichardin commander l'armée. Il fit toute la diligence qu'il
put pour assiéger la ville, dont le prince se
sentant pressé, à la persuasion d'Antoine de
Rosso, Sienois, que sa république avoit député
à Luques, il envoya au duc de Milan Salvestre
Trenta & Louis Bonvisi, qui demanderent du
secours de la part de leur maître ; mais comme
ce prince leur parut froid, ils le prierent en

particulier de ne pas refuser ce qu'on lui demandoit, lui promettant de la part du peuple,
de se saisir de leur tyran, & de le lui remettre
entre les mains, & ensuite la ville; l'avertissant
que, s'il ne prenoit pas ce parti-là, leur maître
donneroit la place aux Florentins, qui l'en
sollicitoient par de grandes promesses.

Le duc, dans l'appréhension qu'il avoit de
la chose, ne garda plus de mesures, & fit
en sorte que le comte François Sforce lui demandât congé en public d'aller à Naples; & l'ayant
obtenu, il vint à Luques avec ses gens, quoique les Florentins, connoissant ces intrigues,
& appréhendant ce qui en arriva, employassent
le comte Boccacino Alamanni, ami de Sforce,
pour le détourner de cette pensée. Etant donc
venu à Luques, les Florentins se rétirerent avec
leur armée à Librafatta, & le comte alla aussi-
tôt assiéger Pescia, dont Pagolo de Diacetto
étoit gouverneur. Cet homme, sans chercher
d'autre expédient, s'abandonna à la peur, & se
retira à Pistoïe; & si la place n'eût point été
défendue par Jean Malavolti, qui étoit dans la
garnison, elle eût été prise. Le comte ayant
manqué son coup dans le premier assaut, alla
au bourg de Buggiane, & le prit : puis il brûla
un château qui en étoit proche.

Les Florentins , voyant ces désordres , eurent recours aux moyens qui les avoient délivrés tant de fois , sachant que quand la force ne peut rien contre des troupes mercénaires , l'argent en vient à bout. Ils offrirent donc de l'argent au comte , qui non-seulement se retira , mais même il leur abandonna la ville ; car voyant qu'il ne pouvoit plus rien tirer de Luques , il n'eut pas de peine à la rendre à ceux qui avoient de quoi l'acheter ; ainsi il convint avec les Florentins , non pas de leur donner la place , trouvant qu'il y alloit de sa gloire d'y consentir, mais de la laisser prendre, moyennant cinquante mille ducats ; & quand le traité fut fait , afin que les habitans le déchargeassent auprès du duc son maître , il leur aida à chasser leur tyran.

Il y avoit à Luques , comme nous venons de dire , un ambassadeur de Sienne , nommé Antoine de Rosso , qui convint avec le comte de perdre Pagolo Guinigi. Les chefs de la conjuration étoient Pierre Cennami & Jean de Chivizano. Le comte étoit alors hors de la ville , campé sur le Serquio , & il avoit avec lui le fils du tyran. Les conjurés , étant au nombre de quarante , s'en allerent en armes trouver dans la nuit Guinigi , qui au bruit qu'ils firent , étant allé au devant d'eux tout étonné , leur demanda le sujet de leur venue. Pierre Cennami lui répondit , « qu'il y avoit assez long-tems qu'il » les gouvernoit, & qu'il leur avoit attiré des » ennemis pour les faire périr par la famine & » par l'épée ; qu'ainsi ils étoient résolus à l'avenir de gouverner eux-mémes, & lui demanderent les clefs de la ville & son trésor. Guinigi leur dit, que le trésor étoit consumé ; » que pour les clefs & sa personne même » étoient en leur pouvoir, les suppliant seule- » ment d'une chose , qui est de laisser finir » son autorité, sans répandre de sang, ainsi » qu'elle avoit commencé & continué.

Le comte Sforce mena au duc de Milan, Guinigi & son fils qui moururent depuis en prison. Le départ de ce comte avoit laissé Luques délivrée du tyran , & les Florentins hors de la crainte de ses troupes. Les uns donc se disposerent à se bien défendre , & les autres à recommencer leurs attaques. Ils avoient pour cet effet pris pour leur général le comte d'Urbin, qui , pressant fortement la ville de Luques, l'obligea d'avoir encore recours au duc de Milan. Ce prince envoya à leur secours Nicolas Piccinino, sous le même prétexte qu'il avoit déjà envoyé le comte Sforce. Comme donc il venoit pour entrer dans Luques, nos gens allerent au-devant de lui, & on en

vint aux mains au passage de la riviere de Serquio, où les nôtres furent battus, ensorte qu'il
n'y en eût qu'un petit nombre qui se sauva dans
Pise avec le commandant.

Cette déroute affligea toute notre ville, &
comme la guerre avoit été entreprise du consentement de tout le peuple, il ne savoit à qui
s'en prendre : ainsi il calomnioit ceux qui la
conduisoient, & il renouvella les accusations
qu'on avoit faites contre Renaud d'Albizi. Mais
Guichardin étoit celui qu'on déchiroit le plus
cruellement; car on l'accusoit d'avoir pu finir la
guerre après le départ de Sforce, mais qu'il s'é-
toit laissé corrompre pour de l'argent, disant
qu'on en avoit porté une grande somme chez
lui, jusqu'à nommer ceux qui l'avoient porté, et
ceux qui l'avoient reçu. Ces bruits & ces accusations allerent si loin, que le capitaine du peuple,
ému lui-même par une voix si générale, & poussé
par ses ennemis, le cita. Guichardin comparut
rempli de ressentiment ; mais les parens firent
tant pour l'honneur de la famille, que le capitaine
abandonna cette poursuite.

La ville de Luques, après cette victoire,
non-seulement reconquit ses places, mais elle
s'empara du territoire de Pise, excepté de Bien-
tina, Calcinaia, Livourne, & Librafatta. On eût

perdu Pise elle-même, si on n'eût découvert une trahison qu'on y tramoit.

Les Florentins remirent leurs troupes sur pied, & prirent pour général Michelet, éleve de Sforce D'autre côté, le duc de Milan poussoit ses avantages; & afin de mortifier encore plus les Florentins, il fit faire une ligue par les Génois, la ville de Siene, & le prince de Piombino, pour défendre Luques, & leur fit prendre pour général Nicolas Piccinino. Ce procédé découvrit entierement ses intentions; desorte que les Florentins & les Vénitiens renouvellerent leur ligue, qui ralluma non-seulement la guerre en Lombardie, mais aussi en Toscane; & dans l'un & dans l'autre pays, il se donna plusieurs combats avec différens succès. Enfin, chacun étant las de se battre, il se fit une paix entr'eux tous. Par ce dernier traité, les Florentins & les Luquois devoient se restituer respectivement toutes les places qu'ils avoient conquises les uns sur les autres; ainsi chacun rentra dans son bien.

Pendant le cours de cette guerre, l'esprit de faction ne laissoit pas de régner au-dedans de l'Etat; & Cosme de Médicis, après la mort de Jean son pere, agissoit avec plus de chaleur, que lui, dans le gouvernement, & traitoit ses amis avec plus d'affection & plus de franchise que lui. Ceux donc qui s'étoient réjouis de la mort du père, voyant ce qu'étoit le fils, étoient fort affligés. Cosme de Médicis étoit un homme d'une prudence consommée, dont l'air étoit grave & agréable. C'étoit la libéralité & la douceur même, & jamais il n'entreprit rien contre le parti contraire, ni contre le gouvernement; mais toute sa passion étoit de faire du bien à tout le monde, & de se rendre amis ses compatriotes par sa libéralité. Un si grand exemple faisoit blâmer davantage ceux qui gouvernoient, dont la conduite étoit fort différente de celle de Médicis; mais pour lui, il croyoit, suivant cette route, vivre autant surement que nul autre dans Florence; & quand même l'ambition de ses ennemis feroit naître quelque chose d'extraordinaire, il espéroit surmonter tous les accidens par la force des armes, & par l'appui de ses amis. Averardo de Médicis, & Puccio Pucci, furent de puissans moyens pour établir sa grandeur. Averardo, par son courage, & Pucci, par sa pénétration, lui attiroient de l'autorité & du crédit; car la conduite de Pucci & la force de son jugement étoient si estimées, & si connues de tout le monde, que le parti de Médicis n'étoit pas appellé de son nom, mais de celui de Pucci.

La ville, divisée de cette manière, entreprit

la guerre de Luques, & l'animosité des factions y
augmenta bien plus qu'elle ne diminua ; & quoique le parti de Cosme fût celui qui eût fait
entreprendre cette guerre, on ne laissoit pas d'en
faire souvent directeurs des gens du parti opposé,
à cause du rang qu'ils tenoient dans le gouvernement ; ce qu'Averardo de Médicis ne pouvant
empécher, ses amis & lui employoient toute leur
adresse à les décrier & à les calomnier ; de sorte
que, quand on avoit quelque mauvais succès, ce
qui arrivoit souvent, ce n'étoit jamais ni la fortune
ni la valeur des ennemis qui en étoient cause, mais
l'imprudence du commandant. C'est cela qui ag-
grava les crimes d'Astorre Gianni ; c'est cela
aussi qui rebuta Renaud d'Albizi, & le fit sortir
de sa charge sans congé. Ce méme artifice fut
l'origine de la citation de Jean Guichardin par le
capitaine du peuple. Enfin de cette source venoient toutes les accusations qu'on formoit contre les Dix & contre les commandans, parce
qu'on grossissoit beaucoup les fautes véritables,
auxquelles on en joignoit de fausses ; & le peuple, qui ordinairement haïssoit ces gens-là,
croyoit aisément tout ce qu'on en disoit de faux
& de vrai.

Cette conduite irréguliere étoit fort bien
connue à Nicolas d'Uzano, & aux autres chefs

du parti contraire, & bien des fois ils y avoient cherché des remedes, mais inutilement : car ils jugeoient bien que le mal étant enraciné, il étoit dangereux & difficile de s'y opposer par la violence. Uzano lui-même n'approuvoit pas les moyens extraordinaires ; desorte que l'Etat étant rempli de ces brouilleries, & travaillé de la guerre au-dehors, Barbadori tâcha de faire consentir Uzano à la perte de Médicis ; &, pour cet effet, il alla le trouver chez lui, où il étoit pensif & seul dans un cabinet. Là il lui conseilla, par les plus fortes raisons qu'il put lui alléguer, de s'unir avec Albizi pour chasser Médicis. Mais Uzano lui répondit » qu'il seroit bien plus avan-
» tageux pour lui, pour sa maison & pour notre
» Etat même, que lui & les autres, qui sont dans
» cette pensée, eussent plutôt la barbe d'ar-
» gent (1), que de l'avoir d'or, comme son nom le
» portoit, parce que leurs conseils, sortans d'une
» tête blanche & pleine d'expérience, seroient
» bien plus sages & plus utiles à tout le monde ;
» qu'il lui sembloit que ceux qui avoient en tête

______

(1) Il faut pardonner cette petite pointe italienne au climat et au goût qui régnoit alors, et qui avoit gâté jusques aux esprits les plus solides du siecle.

de

» de chasser Médicis devoient au-moins exami-
» ner leurs forces & les siennes. Vous autres,
» disoit-il, avez appellé notre parti le parti de
» la noblesse, & celui qui lui est opposé, le
» parti de la populace. Quand la vérité répon-
» droit aux noms, la victoire ne laisseroit pas
» d'être douteuse dans l'occasion ; même nous
» aurions plus à craindre qu'à espérer en regar-
» dant à cette ancienne noblesse, que le peuple
» a entierement détruite. Mais nous sommes
» encore en bien plus méchans termes, parce
» que notre parti est divisé, & celui des enne-
» mis est fort uni : premierement, parce que
» Neri de Gino & Néron de Nigi, deux de nos
» premiers citoyens, ne se sont jamais déclarés,
» ensorte qu'on pût dire, ils sont plus de nos
» amis que des autres. Nous avons, en second
» lieu, beaucoup de maisons, & même plusieurs
» familles en divison ; car plusieurs, en haine de
» leurs freres & de leurs parens, sont animés
» contre nous, & portés pour les autres. Je
» veux vous en faire remarquer quelques-uns
» des plus considérables, vous laissant vous-
» même penser aux autres ».

    » Entre les enfans de Mazo d'Albizi, Luc,
» en haine de son frere Renaud, s'est jeté dans

Tome V.   E

» l'autre parti. Dans la maison des Guichardins,
» entre les enfans de Louis, Pierre est ennemi
» de Jean, & a pris parti contre nous. Thomas
» & Nicolas Soderini sont apparemment nos
» ennemis, en haine de leur oncle. Enfin si vous
» regardez bien quels gens sont nos ennemis,
» & ce que nous sommes, je ne sais pourquoi
» on nous appelle le parti de la noblesse, plutôt
» qu'eux : car si c'est parce que le menu peuple
» est pour eux, je trouve que cela augmente
» leurs forces, & diminue les nôtres à tel point,
» que si l'on en prenoit les armes, nous serions
» bientôt opprimés. Et si nous conservons en-
» core nos dignités, cela vient de l'ancienne
» réputation de notre gouvernement, qui s'est
» conservé depuis cinqunte ans. Au fond, s'il
» falloit faire un examen, & qu'on vînt à s'ap-
» percevoir de notre foiblesse, assurément nous
» perdrions notre cause. Que si vous alléguez
» que la justice, qui est de notre côté, nous
» attireroit des partisans, & diminueroit le nom-
» bre des autres, je vous dirai qu'il faudroit
» qu'elle fût connue aux autres aussi-bien qu'à
» nous : & c'est justement le contraire ; car tout ce
» qui nous mene, ce n'est que l'appréhension que
» Médicis ne se fasse souverain de la république.

» Si nous avons cette appréhension, les autres
» ne l'ont pas ; même ce qu'il y a de pis, c'est
» qu'ils nous imposent ce dont nous l'accusons.
» Ce qui nous rend Médicis suspect, c'est parce
» qu'il prête son argent à chacun, & non-seu-
» lement aux particuliers, mais même au public,
» & aux étrangers aussi-bien qu'aux Florentins ;
» c'est parce qu'il protege celui-ci & l'autre,
» qui veulent entrer dans les charges ; c'est
» parce qu'il avance, tantôt l'un, tantôt l'autre
» de ses amis, & les fait monter à des grades plus
» élevés, par le moyen de la faveur de tout le
» monde qui l'aime. Sur ce pied-là, il faudra donc
» que nous disions que les raisons que nous avons
» de le chasser, c'est parce qu'il est charitable,
» officieux, libéral, & aimé de tout le monde.
» Dites-moi, en bonne foi, où est la loi qui fasse
» le procès à un homme pour être charitable,
» libéral, & généralement aimé ? Et quoique
» tous ces moyens fassent monter avec rapidité
» à la souveraineté ceux qui les mettent en
» usage, cependant on n'en veut rien croire ;
» & nous n'avons pas assez de crédit pour le
» persuader, parce que notre conduite nous a
» fait perdre la confiance qu'on avoit en nous,
» & que cette ville, qui aime les brigues, &

» qui est gâtée, en ayant toujours été rem-
» plie, ne peut pas ouvrir les oreilles à de
» semblables accusations ».

» Mais supposons qu'on vînt à bout de chas-
» ser Médicis ; ce qui ne seroit pas difficile par
» le moyen d'une seigneurie portée pour nous ;
» comment pourriez-vous empêcher son retour,
» ayant tant de créatures à lui qui resteroient
» dans la ville , & qui brûleroient de passion de le
» faire rappeller ? Ce seroit une chose impos-
» sible ; car le nombre en étant si grand , &
» ces gens-là étant si bien voulus de tout le
» peuple ; vous ne pourriez jamais vous en as-
» surer , & plus vous chasseriez de ses amis
» déclarés , plus vous augmenteriez le nombre
» de nos ennemis ; ensorte qu'il rentreroit bien-
» tôt , & que vous n'auriez gagné autre chose ,
» que de le chasser bon , & de le voir retourner
» méchant , parce que son bon naturel seroit
» gâté par ceux qui le rappelleroient, à qui il
» ne pourroit pas s'opposer, à cause des obli-
» gations qu'il leur auroit. Si, d'autre côté, vous
» aviez dessein de le faire mourir, vous n'en vien-
» driez jamais à bout par les voies de la justice ,
» parce que son argent, & la lâcheté avec laquelle
» vous vous laissez ordinairement corrompre ,

» le tireroient bien toujours d'affaire. Mais sup-
» posons qu'on vienne à bout de le faire mou-
» rir, ou qu'étant banni, il ne retourne plus ;
» quel bien en revient-il à la république ? Car si
» vous la délivrez de Médicis, ne devient-elle
» pas esclave d'Albizi ?

» Pour moi je suis de ceux qui ne souhaitent
» pas qu'un citoyen l'emporte sur l'autre en
» puissance & en autorité : mais s'il falloit que
» l'un des deux l'emportât, je ne sais pas quelle
» raison m'obligeroit à aimer mieux Albizi que
» Médicis. Je n'ai point d'autre chose à vous
» dire, si-non que je prie Dieu que notre répu-
» blique ne tombe jamais sous le pouvoir d'au-
» cun de ses concitoyens. Cependant si nos pé-
» chés nous attiroient ce malheur, je fais des
» vœux pour que nous ne tombions pas sous
» l'autorité d'Albizi. Ne vous mettez donc point
» dans l'esprit de prendre un parti préjudiciable,
» de quelque sens qu'on le regarde, & ne vous
» figurez pas de pouvoir l'emporter sur le grand
» nombre, lorsque vous aurez peu de gens de
» votre côté ; car la plupart des citoyens sont
» disposés à vendre l'Etat, soit par ignorance,
» soit par malice, & ils sont si heureux qu'ils ont
» trouvé marchand. Suivez donc mon conseil ;

» tâchez de vivre dans la modération , & tenez
» toujours pour suspects les gens de l'un & de
» l'autre parti à l'égard de la liberté de la répu-
» blique. Du reste , quand il arrivera quelques
» malheurs , si vous vivez dans la neutralité , vous
» serez amis de tous ; & ainsi vous ne ferez rien
» contre vos intérêts, ni contre ceux de la patrie «.

Ce discours modéra un peu l'emportement de Barbadori , ensorté que les choses furent assez tranquilles pendant la guerre de Luques. Mais la paix étant faite , & Uzano étant mort , l'Etat demeura sans guerre & sans frein. Ainsi les mauvaises humeurs vinrent à augmenter sans mesure , & Albizi , se regardant comme le seul chef de son parti , ne cessoit point de prier & de tourmenter ceux qu'il croyoit devoir être Gonfaloniers de prendre les armes , pour délivrer la patrie d'un homme , qui indubitablement la réduiroit en servitude par la malice de quelques gens , & par l'ignorance de la foule. Cette maniere d'agir d'Albizi , & celle de ceux du parti contraire , remplissoient la ville d'appréhension ; & toutes les fois qu'on faisoit des magistrats , on disoit tout haut combien il y en avoit d'un parti , & combien il y en avoit de l'autre ; & lorsqu'on tiroit les Seigneurs , toute la ville étoit en émotion.

La moindre affaire qu'on portoit devant les magistrats étoit entr'eux un sujet de guerre. On publioit les secrets ; le bien & le mal étoient également entrepris & appuyés ; les honnêtes gens & les fripons étoient également déchirés, & pas un magistrat ne faisoit sa charge.

Florence étant donc dans cette confusion, & Albizi dans la résolution d'abattre toujours Médicis, comme il vit que Bernard Guadani pouvoit devenir Gonfalonier, il alla payer les impôts qu'il devoit, afin que ses dettes au public ne l'empéchassent point d'entrer dans cette charge. Quand donc on fut venu au tems qu'on tire les Seigneurs, la mauvaise fortune, qui prend plaisir d'entretenir nos dissentions, voulut que Guadani fût tiré Gonfalonier pour exercer cette charge en septembre & en octobre. Aussi-tôt qu'il fut installé, Albizi alla lui rendre visite, & lui dit, » que le parti de la noblesse & tous les honnêtes » gens avoient eu beaucoup de joie de le voir » élevé à cette charge ; qu'il devoit donc faire » ensorte que ce ne fût pas sans sujet qu'on s'en » fût réjoui. Il lui fit voir ensuite le péril où la » division portoit l'Etat : que le seul moyen d'en » pouvoir prévenir la ruine, c'étoit de détruire » Médicis, parce que lui seul étoit capable de

» le perdre, par le crédit que ses richesses im-
» menses lui avoit acquis, & qui l'avoit élevé si
» haut, que si l'on n'y apportoit pas de remede,
» il se rendroit Souverain; qu'il étoit donc du
» devoir d'un bon citoyen de prévenir ce malheur,
» en faisant assembler le peuple sur la place,
» & lui faisant reprendre toute l'autorité, afin
» de rendre à la patrie sa liberté. Il lui repré-
» senta que Salvestre de Médicis put bien abat-
» tre, quoiqu'injustement, la grandeur des
» Guelfes, qui devoient bien être maîtres du
» gouvernement, leurs ancêtres l'ayant si bien
» mérité par l'effusion de leur sang; & qu'il étoit
» aisé de faire, avec justice, contre un seul
» homme, ce qu'un seul autrefois a pu faire
» injustement contre un si grand nombre. Il
» l'exhorta de plus *à ne craindre rien, l'assu-*
» *rant que tous ses amis seroient toujours prêts à*
» *le secourir les armes à la main;* qu'il ne devoit
» pas non plus s'épouvanter pour le penchant
» que le menu peuple avoit pour Médicis, parce
» que cela ne lui serviroit pas plus qu'il avoit
» servi à George Scali; que ses richesses étoient
» encore moins à redouter, puisque la seigneurie
» les confisquant, elles serviroient contre lui-
» même. Enfin il l'assura que cette action le

» combleroit de gloire , & rendroit la liberté &
» la paix à l'Etat.

Guadani répondit à cela en peu de mots, disant » qu'il croyoit qu'on devoit entreprendre
» cette affaire comme il le conseilloit ; mais,
» parce que c'étoit à agir qu'on devoit employer
» le tems qu'on avoit, il lui dit qu'il mît toutes
» ses forces en état, afin de lui faire voir bien-
» tôt qu'il auroit beaucoup de compagnons dans
» cette entreprise «.

Si-tôt que Guadani fut entré dans sa charge,
que ses amis, & ceux qui avoient part dans ce
dessein, furent préparés, & qu'il eut pris ses mesures avec Albizi, il cita Médicis qui, se fiant plus
en son intégrité que dans la bonté des Seigneurs,
comparut au jour assigné, quoique ses amis l'en
dissuadassent. St-tôt donc qu'il fut venu au pa
lais, & qu'on l'eut mis en arrêt, Albizi sortit
de chez lui avec beaucoup de gens armés, &
suivi de tout le parti : puis ils vinrent sur la
place, où les Seigneurs firent convoquer le peuple & établir un conseil extraordinaire de deux
cens hommes pour réformer la ville. Dans ce
conseil on parla, si-tôt qu'on le put, de la réfome
de l'Etat, & de la vie & de la mort de Médicis.
Plusieurs vouloient qu'on le bannît ; beaucoup

alloient à la mort ; & un grand nombre ne disoit rien, ou par compassion pour l'accusé, ou par la crainte qu'ils avoient des autres. Tous ces différens sentimens empêchoient de conclure quelque chose.

Il y a dans la tour du palais une chambre aussi grande que le peut permettre la tour, qu'on appelle la petite auberge. C'est-là dedans qu'on avoit mis en arrêt Médicis, sous la garde de Frédéric Malavolti, & qu'il entendoit les discours du peuple, & le bruit des armes qui étoient dans la place, & comment on crioit souvent au conseil extraordinaire. Tout cela lui faisoit croire que sa vie étoit en risque : mais il craignoit encore plus que ses ennemis ne la lui ôtassent par des voies indirectes. Cela lui fit prendre la résolution de ne manger point ce qu'on lui donneroit ; desorte qu'à la réserve d'un peu de pain, il ne mangea rien pendant quatre jours. Malavolti s'en étant apperçu, lui dit : » Vous craignez d'être empoisonné, & vous » voulez mourir de faim, en me faisant par-là » un affront ; car me croyez-vous assez scélérat » pour donner les mains à une si grande lâcheté ? » Ce n'est pas ma pensée que votre vie soit en » risque, puisque vous avez trop d'amis dans la

» régence & ailleurs. Mais quand il seroit vrai
» qu'on auroit mauvaise intention contre vous,
» soyez persuadé qu'on l'exécuteroit par toutes
» autres voies que par mon ministère. Je n'ai nul
» penchant à me salir les mains du sang de per-
» sonne, & moins de vous que d'un autre, vous
» qui ne m'avez jamais fait de mal. Prenez donc
» courage ; mangez, & conservez votre vie pour
» vos amis & pour le bien de votre patrie. Mais
» afin que vous le fassiez avec plus d'assurance,
» je veux manger avec vous de tout ce qu'on
» vous présentera «. Ce discours rassura Médicis, qui, les larmes aux yeux, embrassa & baisa
Malavolti, & le remercia par des paroles pleines
de tendresse & de force, l'assurant que si jamais
la fortune le mettoit en état de le servir, il
seroit très-reconnoissant de tous les bons offices
qu'il lui rendoit.

Médicis s'étant un peu remis, & les citoyens
s'entretenant diversement de son affaire, Malavolti, pour lui donner quelque plaisir, mena avec
lui à souper un domestique du Gonfalonier, qui
étoit un homme railleur & divertissant ; & quand
on fut sur la fin du repas, Médicis fit signe à
Malavolti de s'éloigner, parce qu'il vouloit tirer
avantage de cette visite, connoissant fort bien

cet homme. Malavolti , comprenant le dessein de Médicis , feignit d'être obligé d'aller quérir ce qui manquoit pour achever le souper , & les laissa seuls. Médicis donc, après quelques dis-cours obligeans , donna à Farganaccio (c'étoit le nom de ce domestique) une marque , avec ordre de la porter au directeur de l'Hôpital de Sainte Marie nouvelle , dont il recevroit quinze cens ducats ; que de ces quinze cens , il en retiendroit cinq cens pour lui , & donneroit les mille au-tres au Gonfalonier , en le priant de lui venir parler, sur quelque prétexte honnête. Ce domes-tique se chargea de la commission , & l'argent fut payé ; desorte que le Gonfalonier étant de-venu plus traitable , Médicis fut seulement relé-gué à Padoue , malgré Albizi , qui vouloit qu'on le fît mourir. On relégua encore Averard de Médicis & plusieurs autres de la même maison, avec Puccio & Jean de Pucci. Et afin d'épou-vanter encore davantage ceux qui n'étoient pas contens de l'exil de Médicis , ils donnerent le droit de conseil extraordinaire (1) aux huit de la garde , & au capitaine du peuple.

------

(1) C'est toujours la Balia des Toscans.

Après tous ces réglemens, Médicis fut amené devant les Seigneurs, le troisieme jour d'octobre de l'an mil quatre cent trente-trois, & là on lui prononça la sentence de son bannissement, en l'avertissant d'obéir ponctuellement, sous peine de plus rigoureuses procédures contre sa personne & contre ses biens. Médicis acquiesça à la sentence avec un air gai, assurant la seigneurie qu'il demeureroit volontiers par tout où elle l'enverroit ; qu'il les supplioit de lui conserver la vie, puisqu'ils la lui avoient laissée, parce qu'il voyoit bien qu'il y avoit des gens dans la place qui lui en vouloient. Ensuite il fit offre de sa personne & de son bien au peuple, à l'Etat & à la seigneurie, en quelque lieu qu'il pût être. Il fut consolé par le Gonfalonier, & retenu au palais jusqu'à la nuit, d'où il le mena dans sa maison, & lui donna à souper : après quoi il le fit accompagner par bien des gens armés jusques sur les frontieres.

Par-tout où passa Médicis, il fut traité avec beaucoup d'honneur, & les Vénitiens le firent visiter de la part du Sénat, & l'honorerent, non pas comme un homme exilé, mais comme un prince. Florence donc étant comme veuve par l'éloignement d'un si grand citoyen, & si généralement aimé, chacun étoit étonné, & le parti vainqueur & celui qui avoit succombé, n'étoient pas moins alarmés l'un que l'autre.

Albizi, sur cela, prévoyant qu'il pourroit lui arriver quelque malheur ; & ne voulant rien négliger, ni pour lui, ni pour son parti, il fit assembler beaucoup de citoyens de ses amis, & leur dit » qu'il prévoyoit leur perte à tous, parce » qu'ils s'étoient laissé gagner par les prieres, par » les larmes, & par l'argent de leurs ennemis, » ne prévoyant pas qu'à leur tour ils seront » réduits à prier & à pleurer sans qu'on écoute » leurs prieres, & sans que l'on soit tou- » ché de leurs larmes ; & qu'alors il faudra bien » qu'ils rendent le capital de l'argent qu'ils au- » roient reçu, & qu'ils en payent, outre cela, » l'intérêt par l'exil, les tourmens, & la mort » même ; qu'il eût donc mieux valu ne rien en- » treprendre & demeurer en repos, que d'avoir » laissé la vie à Médicis & ses amis dans Flo- » rence, la maxime étant véritable, *Qu'il ne faut* » *point toucher à un homme puissant, ou qu'il* » *faut s'en défaire* ; qu'il ne voyoit d'autre remede » à ces maux que de s'armer dans la ville, afin » que les ennemis, venant à faire éclater leur » ressentiment, (ce qu'ils feront sans doute au

» premier jour) on pût au moins les chasser par
» la force, puisqu'on ne l'avoit pu faire par les
» voies de la justice ; que le moyen de réussir
» dans ce projet, c'étoit de regagner les grands,
» comme il en avoit déjà donné l'avis, & de leur
» donner part à toutes les charges de l'Etat ; &
» qu'ainsi ils se rendroient puissans par cette
» réunion, puisque leurs ennemis s'étoient for-
» tifiés en s'unissant avec le menu peuple ; que
» par cette jonction avec les grands, leur parti
» seroit le plus fort, parce qu'il seroit plus ani-
» mé, plus courageux, & plus accrédité que
» l'autre ; que si l'on ne prenoit pas ce seul bon
» expédient, il assuroit qu'il ne pouvoit deviner
» comment on pourroit conserver l'autorité au
» milieu de tant d'ennemis, & empêcher leur
» parti & l'Etat de périr «.

Mais Mariotto Boldouinetti, qui étoit dans
l'assemblée, s'opposa à ce dessein, faisant voir
l'orgueil des grands & leurs manieres insuppor-
tables ; » qu'ainsi ils ne devoient pas se soumettre
» à une tyrannie assurée pour se mettre à cou-
» vert des périls incertains dont ils étoient me-
» nacés par le menu peuple. « Albizi voyant
donc que l'on ne suivoit point son avis, se
plaignit de son infortune & de celle de son parti,

attribuant cela plutôt à la destinée , qui l'avoit ainsi déterminé, qu'à l'aveuglement ou à l'ignorance des hommes.

Voilà comme la chose se passa sans prendre aucune précaution nécessaire. Cependant l'on intercepta une lettre écrite par Agnolo Acciaiuoli à Médicis, par laquelle il lui découvroit comment la ville étoit disposée à son égard, & lui conseilloit de faire naître quelque guerre, & de se rendre ami Neri de Gino : car il jugeoit que la ville ayant besoin d'argent, il n'y auroit personne qui lui en prêtât , ce qui feroit ressouvenir les citoyens de lui , & leur feroit naître l'envie de le rappeller. D'ailleurs, si l'on pouvoit détacher Neri de Gino du parti d'Albizi, cela l'affoibliroit tellement, qu'il ne pourroit plus se maintenir.

Cette lettre étant tombée entre les mains du magistrat , elle fut cause qu'on se saisit d'Acciaiuoli, & qu'on le condamna au bannissement. Cet exemple ne rabattit rien de l'empressement avec lequel on s'intéressoit pour Médicis. Il y avoit déjà près d'un an qu'il avoit été relégué, & la fin d'août de l'an mil quatre cent trente-quatre étant venue , l'on tira pour nouveau Gonfalonier des deux mois suivans, Nicolas Cocco ; &

avec

avec lui, on tira huit seigneurs, tous partisans de Médicis. Cette nouvelle Seigneurie jetta la terreur dans tout le parti d'Albizi. Et parce que, devant que les Seigneurs entrent dans leurs charges, ils sont trois jours comme de simples particuliers, Albizi assembla encore une fois les chefs de son parti, auxquels il remontra la ruine prochaine où ils alloient tomber, & qu'il n'y avoit point d'autre remede que de prendre les armes, & d'obliger Donato Velluti, qui étoit encore Gonfalonier, d'assembler le peuple dans la place; de faire faire un nouveau conseil extraordinaire; de casser, par ce moyen, les nouveaux Seigneurs; d'en faire d'autres conformes au gouvernement; de brûler les bourses, & par de nouveaux scrutins, d'en faire d'autres, où il n'y entrât que les noms de leurs partisans.

Ce parti paroissoit à plusieurs d'entr'eux, sûr & nécessaire; plusieurs autres le jugeoient trop violent, & propre à leur attirer bien du blâme. Palla Strozzi, qui étoit un homme paisible, généreux & doux, & plus propre pour les belles-lettres qu'à humilier un parti, & à s'opposer à des discordes qui surviennent dans un Etat, étoit un de ceux qui n'approuvoient pas cette violente résolution. Il dit donc » que les expé-

» diens fins ou hardis donnent d'abord dans la
» vue ; mais quand on vient à l'exécution, ils
» sont remplis de difficultés, & ruineux dans la
» fin ; qu'il croyoit que la guerre au dehors ,
» qui étoit sur le point d'éclater, puisque les
» troupes du duc de Milan étoient déjà dans la
» Romagne sur nos frontieres , occuperoit assez
» les Seigneurs, sans qu'ils eussent le tems de
» penser aux dissentions du dedans ; qu'enfin ,
» s'ils vouloient faire quelqu'innovation, ce qu'ils
» ne pouvoient faire sans qu'on s'en apperçût, il
» seroit toujours tems de prendre les armes, &
» de faire tout ce qu'il faudroit pour la sureté
» publique ; & que , les prenant alors par néces-
» sité , cela surprendroit moins le peuple , & leur
» attireroit moins de blâme. « L'on conclut donc
que l'on laisseroit les nouveaux Seigneurs prendre
possession de leurs charges ; que l'on veilleroit
sur leurs démarches, & qu'à la moindre innovation , au préjudice du parti , chacun prendroit
les armes, & se rendroit à la place de Saint
Pulinare , lieu proche du palais, & que de-là
ils se transporteroient où ils le jugeroient à
propos.

S'étant donc séparés avec cette conclusion ,
les nouveaux Seigneurs entrerent en charge, &
le Gonfalonier , voulant se mettre en crédit ,

condamna son prédécesseur Donato Velluti à la prison, l'accusant d'avoir profité des deniers publics. Après cela il sonda ses collegues, pour tâcher de faire rappeller Médicis, & les y ayant trouvé disposés, il en parla avec ceux qu'il croyoit être les chefs du parti. Ces gens ici l'ayant encouragé, il cita Ranaud d'Albizi, Ridolfe Peruzzi, & Nicolas Barbadori, comme étant les chefs du parti opposé. Après cette citation, Albizi jugea qu'il ne falloit plus différer, & sortit de chez lui avec beaucoup de gens armés. D'abord, Peruzzi & Barbadori se joignirent à lui. Il y avoit parmi eux beaucoup d'autres citoyens & bien des soldats qui étoient à Florence, & qui ne touchoient point de solde. Ils s'arrêterent tous dans la place de Saint Pulinare, qui étoit le lieu du rendez-vous. Palla Strozzi, quoiqu'il eût bien du monde, ne sortit point de chez lui, non plus que Jean Guichardin. Albizi, ne les appercevant point, envoya leur faire des reproches de leur retardement, & les presser de se rendre avec les autres. Guichardin répondit *qu'il agissoit assez contre le parti ennemi, si, en demeurant chez lui, il empêchoit que son frere n'allât au secours de la seigneurie.* Strozzi, après bien des sollicitations,

vint à Saint Pulinare à cheval & sans armes,
avec deux hommes à pied. Albizi alla au-devant
de lui, le reprit de sa négligence, lui disant,
» que de ne vouloir pas s'assembler avec les au-
» tres, c'étoit marquer, ou peu de fidélité, ou
» peu de courage ; que l'un & l'autre étoient des
» choses indignes d'un homme tel qu'il vouloit
» qu'on le crût; & s'il s'imaginoit qu'à cause qu'il
» ne faisoit pas son devoir, les ennemis, ayant
» le dessus, ne lui feroient pas son procès comme
» aux autres, qu'il se trompoit ; qu'à son égard,
» quelque chose qui arrivât, il auroit toujours la
» satisfaction de n'avoir rien négligé avant le
» péril pour la conduite & les bons avis, & dans
» le péril il ne pourroit point non plus se repro-
» cher de n'avoir pas fait tout ce qu'il falloit ;
» mais que pour Strozzi & ses semblables, leurs
» chagrins, en cas de revers, s'augmenteroient
» extrêmement quand ils viendroient à faire ré-
» flexion qu'ils auroient trahi leur patrie trois
» fois ; la premiere, quand ils épargnerent Mé-
» dicis ; la seconde, quand ils refuserent de suivre
» les conseils qu'il leur donnoit ; & la troisieme,
» quand à l'heure qu'il est, ils ne prennent pas
» les armes «. Strozzi répondit à ce discours,
sans que ceux qui étoient présens le pussent

entendre ; & se contentant de murmurer plutôt que de parler, il tourna bride, & s'en retourna chez lui.

Les Seigneurs ayant appris qu'Albizi & son parti avoient pris les armes, & qu'ils étoient abandonnés, ne sachant quel conseil prendre, ils firent fermer le palais. Mais Albizi tardant à venir sur la place, parce qu'il vouloit attendre un secours qui ne lui vint pas, il perdit l'occasion de vaincre, donna courage aux autres de pourvoir à leur sureté, & à plusieurs citoyens d'aller trouver les Seigneurs pour leur conseiller de faire tout ce qu'ils pourroient pour obliger tout le monde à mettre bas les armes. Quelques-uns donc des moins suspects allerent de leur part trouver Albizi, & lui dirent que la seigneurie ne pouvoit deviner les raisons de cet armement, puisqu'elle n'avoit jamais eu dessein de l'offenser ; que si l'on avoit parlé de Médicis, c'étoit sans penser à le rappeller : mais si c'étoit-là le sujet de ses allarmes & de ceux de son parti que les Seigneurs leur promettoient là-dessus toutes les assurances qu'ils voudroient ; qu'ils les prioient donc de venir au palais, où ils seroient vus de bon œil, & où l'on les satisferoit sur leurs de-mandes.

F 3

Ce discours ne fit point revenir Albizi. Il disoit donc que les assurances qu'il vouloit, étoient
que les Seigneurs fussent déposés, & qu'ensuite
l'on retablit toutes choses dans la ville au contentement de tout le monde. Mais comme il
arrive entre des gens dont le pouvoir est égal,
& dont les pensées sont différentes , qu'il ne s'y
prend jamais aucune résolution avantageuse ,
Ridolfe Peruzzi, sur qui le discours de ces citoyens avoit fait impression , dit que pour lui ,
il ne demandoit autre chose , si-non que Médicis
ne retournât pas ; qu'il trouvoit avoir assez gagné,
si l'on lui accordoit ce point-là ; qu'il ne vouloit point remplir la ville de carnage pour obtenir quelque chose de plus , & qu'il vouloit
obéir à la seigneurie. Il alla donc au palais avec
son monde , & il y fut reçu avec bien de la joie.

Albizi donc perdit l'occasion de réussir dans
son dessein , parce qu'il perdit du tems à Saint
Pulinare, que Strozzi manqua de courage , &
que Peruzzi se sépara. Tout cela diminua bien
l'ardeur de ceux qui le suivoient. Joignez à cela
l'autorité du pape Eugene (1) qui se trouvoit

---

(1) C'étoit Eugene IV, vénitien.

alors à Florence , ayant été chassé de Rome
par le peuple. Ce pape, entendant tout ce tumulte, crut qu'il étoit de son devoir de l'appaiser. Ce motif lui fit envoyer le patriarche
Jean Vitellesqui, intime ami d'Albizi, le prier
de venir le trouver, parce que sa sainteté auroit
assez de crédit & d'autorité auprès de la seigneurie, pour lui faire avoir satisfaction , avec
ses suretés , sans répandre le sang, ni perdre le
bien des citoyens. Albizi, & tous les gens armés
qui le suivoient, se laissant persuader par le
patriarche , allerent à Sainte Marie nouvelle , où
demeuroit le pape , qui d'abord leur fit entendre
que les Seigneurs lui avoient donné tout pouvoir de terminer ce différent , & que l'on regle-
roit toutes choses, pourvu qu'ils missent bas les
armes , comme il jugeoit qu'ils devoient faire.

Albizi qui avoit vu la froideur de Strozzi &
& la légéreté de Peruzzi , ne voyant point de
meilleur parti à prendre , il se jetta entre les bras
du pape, croyant que son autorité le mettroit à
couvert de tout. Sa sainteté donc fit signifier a
Barbadori, & aux autres qui étoient hors de la
Ville à attendre Albizi, de mettre bas les armes ,
parce qu'il étoit en traité pour faire leur accord
avec les Seigneurs. Ainsi chacun prit son parti ,
& voulut bien quitter les armes.

Les Seigneurs voyant leurs ennemis désarmés, continuerent à traiter avec le pape ; & cependant ils envoyerent à la sourdine lever de l'infanterie dans la montagne de Pistoïe, & ils la firent venir de nuit dans Florence avec tous leurs Gendarmes : puis ils s'emparerent des postes avantageux de la ville, convoquerent le peuple, & firent un nouveau conseil extraordinaire, qui commença les assemblées par le rappel de Médicis & de tous les autres relégués ; puis il relégua Albizi, Peruzzi, Barbadori, Strozzi, avec plusieurs autres citoyens en si grande quantité, qu'il n'y avoit point d'endroits en Italie où il n'en fût exilé quelqu'un, & plusieurs villes même hors d'Italie en furent remplies. Cet accident dépeupla & appauvrit Florence, transporta ailleurs l'industrie & les richesses de la ville.

Le pape voyant une si grande désolation tombée sur ceux qui avoient quitté les armes à sa priere, en fut très-offensé, & fit de grandes condoléances à Albizi sur les mauvais traitemens dont on l'accabloit, sous sa parole & la foi qu'il lui avoit donnée. Il l'exhorta ensuite à la patience, & à espérer sur les retours de la fortune. Albizi lui répondit » que le peu de » confiance que ses amis avoient eue en lui, & » la trop grande qu'il avoit eue en sa sainteté

» l'avoient également perdu & lui, & son parti.
» Mais, disoit-il, je dois bien plus me plaindre
» de moi-même que de nul autre, d'avoir eu la
» foiblesse de croire qu'après avoir été chassé
» de votre pays, vous pouviez me conserver
» dans le mien. Pour les tours de la fortune,
» rien ne m'est plus connu ; & comme je
» ne me suis jamais beaucoup fié à la pros-
» périté, je suis moins en état d'être ébranlé
» par l'adversité, sachant bien que, quand il
» plaira au sort, ma destinée deviendra meil-
» leure. Mais quand cela n'arrivera pas, je ne
» ferai jamais beaucoup de cas de vivre dans
» un Etat où les loix ont moins de pouvoir que
» les hommes, ne trouvant point de pays agréa-
» bles, que ceux où l'on peut posséder son bien
» & ses amis en assurance, & non pas ceux où
» l'on peut vous ravir l'un aisément, & où les
» amis vous abandonnent dans vos plus grands
» besoins, par l'appréhension qu'ils ont de per-
» dre eux-mêmes ce qu'ils ont : car les gens
» de bon sens & de probité aiment mieux en-
» tendre de loin les désordres de leur patrie,
» que de les voir de près, & ils croyent qu'il
» est plus glorieux d'être un rebelle honnête,
» qu'un citoyen esclave. « Ayant après cela pris
congé du pape tout en colere, il partit pour son

exil, parlant souvent de ses conseils & de la froideur de ses amis.

D'autre côté Médicis ayant appris qu'il étoit rappelé, retourna à Florence ; & peut-être n'a-t-on jamais vu qu'un citoyen, retournant en triomphe d'une grande guerre, fût reçu par sa patrie avec un si grand concours de gens, & des marques de tant de bienveillance que Médicis en reçut, ayant été salué, avec applaudissement, comme bienfaiteur du peuple & pere de la Patrie.

Fin du quatrieme Livre.

HISTOIRE

DE

FLORENCE.

LIVRE CINQUIEME.

Les Etats, venant à changer leur gouvernement, sont sujets à tomber dans la confusion & le désordre; & enfin de ce désordre même ils se rétablisent & reprennent une conduite raisonnable : & cela parce que la nature n'ayant pas accordé aux choses de ce monde le privilège d'être fixes, si-tôt qu'elles sont venues dans la perfection où elles peuvent atteindre, ne pouvant pas monter plus haut, il faut qu'elles descendent. D'autre côté, lorsqu'elles sont descendues, & que le désordre les a réduites dans la dernier bassesse, ne pouvant plus descendre, il faut de nécessité qu'elles remontent : ainsi par des vicissitudes continuelles, l'on passe du bien au mal, & du mal au bien. La valeur & le mérite produisent la tranquillité ; & ce repos fait naître l'oisiveté : l'oisiveté engendre le désordre ; le désordre est suivi de la ruine ; ensuite du fond de la ruine on voit sortir l'ordre, & de l'ordre la valeur & la conduite, qui produisent la gloire & le bonheur. C'est ce qui a fait remarquer aux habiles gens, que les belles lettres viennent après les armes, & que dans les Etats on y voit naître des capitaines avant que d'y voir des philosophes, parce que les armes bien conduites font remporter des victoires & acquérir la paix : après quoi, il n'y a point d'oisiveté plus honnête, que celle des belles-lettres, pour amollir le courage des guerriers ; & jamais l'oisiveté ne peut se glisser, dans un Etat bien réglé, sous une amorce plus dangereuse & plus trompeuse, que sous celle des belles-lettres. Caton le reconnoît fort bien, lorsque les Athéniens envoyerent en ambassade au Sénat les philosophes Diogènes & Carneades : car ce grand homme ayant apperçu comment la jeunesse romaine les suivoit avec admiration, & prévoyant le mal qu'une oisiveté si honnête introduiroit dans sa patrie, il fit ensorte qu'aucun philosophe ne pût s'y introduire.

Les désordres donc portent les Etats dans le précipice, où étant tombés, les hommes devenus sages par les malheurs, rétablissent les choses dans l'ordre, comme nous venons de dire, à moins qu'ils ne succombent entièrement sous une puissance extraordinaire.

Ces raisons-là furent autrefois, tantôt la cause du bonheur, tantôt celle du malheur de toute l'Italie, par le moyen des anciens Toscans & ensuite des Romains. Et bien qu'après les ruines de Rome il ne se soit rien relevé dessus qui pût la rétablir, ensorte qu'à l'aide d'un excellent gouvernement elle pût acquérir de nouvelle gloire, on vit néanmoins renaître tant de valeur dans quelques-uns des Etats qui sortirent des mesures de cette ancienne maîtresse de la terre, qu'encore qu'ils n'ayent pas subjugué les autres nations, ils étoient cependant si unis entr'eux, & si bien conduits, qu'ils délivrerent l'Italie des barbares, & la défendirent contre eux. Entre tous ces Etats, si la république de Florence étoit du nombre des moindres pour l'étendue, elle n'étoit pas des dernieres en puissance & en crédit : au contraire, étant située au milieu de l'Italie, riche & toujours préte à attaquer, elle soutenoit une guerre avec bonheur, ou elle portoit la victoire du côté qu'elle faisoit baisser la balance.

La valeur donc de ces nouveaux Etats fut cause que si l'on n'a pas vu de paix durables, au moins ne voyoit-on point de guerres fort dangereuses; car il est impossible que la paix soit stable dans un pays où les Etats sont toujours disposés à porter leurs armes chez leurs voisins. Mais aussi on ne peut pas appeller du nom de guerres celles où l'on ne tue point les gens, où l'on ne ravage point les villes, & où les Etats ne se détruisent point; car enfin ces guerres étoient devenues si peu de chose, qu'elles s'entreprenoient sans peur, se faisoient sans péril, & se finissoient sans perte. Ainsi, la valeur qui se perd dans les autres pays par une trop longue paix, est venue à s'éteindre entièrement en Italie au milieu de ces sortes de guerres, comme l'on verra clairement par l'histoire que nous allons faire de ce qui y arriva depuis l'an mil quatre cent trente-quatre jusqu'en quatre vingt - quatorze; & l'on apprendra comment enfin ce pauvre pays donna encore entrée aux Barbares dans son sein, & retomba sous leur tyrannie. Et si les actions de nos princes, tant au dedans qu'au dehors, ne sont pas lues comme celles des an-

ciens, avec admiration de leur valeur & de leur
grandeur, il n'y aura peut-être pas moins de
lieu de s'étonner de ce que tant & de si illus-
tres peuples ont pu être soumis & retenus en
sujétion par des armes si foibles & si mal conduites. Et si, en décrivant les événemens survenus dans un siecle si corrompu, on n'a pas à
entretenir le lecteur de la vaillance des soldats,
de la conduite & de la vertu des capitaines, ou
de l'attache & de l'amour des citoyens pour leur
patrie, l'on verra au moins avec quelles fourberies, avec quelles ruses & quels artifices, les
princes, les soldats, & les chefs des républiques, se conduisent pour se maintenir dans une
réputation qu'ils n'avoient pas méritée. Cela ne
sera peut-être pas moins utile à ceux qui l'ap-
prendront, que ce qui s'est passé chez les anciens ; car si la lecture de leur histoire excite
les cœurs généreux à imiter leurs grandes actions, la lecture de celle-ci donnera de l'horreur
pour les lâchetés, dont on voit tant d'exemples
qui y sont rapportés , & servira à corriger
ceux qui pourroient avoir de ces mauvais pen-
chans.

L'Italie étoit alors sur un pied, par la disposition de ceux qui y regnoient, que si-tôt que
l'union des princes avoit produit la paix, peu

de tems après on la voyoit troublée par ceux qui se trouvoient les armes à la main : ainsi la guerre ne faisoit point acquérir de gloire, & la paix ne procuroit point de repos. Quand la ligue & le duc de Milan eurent conclu la paix en l'an mil quatre cent trente-trois, les soldats, qui ne vouloient pas abandonner leur métier, tournerent leurs armes contre l'église. Il y avoit alors deux partis, ou deux sortes de troupes en Italie, dont l'une étoit sous le commandement des Sforces, & le comte François, fils de Sforce, en étoit alors le chef : l'autre étoit commandée par les Braccio, & les chefs en étoient Nicolas Piccinino & Nicolas Fortebraccio ; & toutes les autres troupes d'Italie se rangeoient sous les étendars de l'un ou de l'autre de ces partis. Mais celui de Sforce étoit bien plus estimé, tant par la valeur du chef, que parce que le duc de Milan lui avoit promis sa fille naturelle en mariage ; & l'espérance de cette alliance donnoit une grande réputation au comte. Ces deux partis, voyant la paix conclue en Lombardie, attaquerent le pape Eugene sous différens prétextes. Celui de Nicolas Fortebraccio étoit la haine ancienne que Braccio avoit toujours eue contre les papes. Pour le comte, son unique motif étoit l'ambition.

Dans

Dans ces dispositions, Fortebraccio attaque Rome, & le comte se rend maître de la marche d'Ancone. Les Romains, de leur côté, qui ne vouloient point de guerre, chasserent le pape Eugene, qui eut assez de peine à se rendre à Florence; & là, ayant considéré le péril où il étoit, & que les princes ne vouloient point reprendre, en sa faveur, les armes qu'ils avoient quittées de tout leur cœur, il fit un traité avec Sforce, à qui il céda la Marche, quoique ce capitaine eût joint l'insulte & le mépris aux rigueurs de la guerre : car lorsqu'il dattoit les lettres qu'il écrivoit à ses Agens en termes latins, selon la coutume ordinaire en Italie, il mettoit par exemple, *Ex Girifalco nostro Firmiano, invito Petro & Paulo* (1). Et non content de ce que le Pape lui cédoit cette province, il voulut encore être fait *Gonfalonier de l'Eglise* (2) ; ce quon lui accorda aussi, Eugene

---

(1) De Girifalco Firmian, qui est à nous malgré aint Pierre et Saint Paul.

(2) C'est comme qui diroit Protécteur de l'Eglise. C'étoit un officier de guerre, créé par les Papes, pour les protéger contre les Empereurs, dont ils avoient usurpé l'autorité en se révoltant contr'eux.

craignant plus une dangereuse guerre qu'une paix honteuse.

Le comte, étant devenu ami du pape, fit la guerre à Fortebraccio, & pendant plusieurs mois il se passa entr'eux, sur les terres de l'église, assez d'évènemens, dont les suites étoient toujours plus fâcheuses pour le pape & pour ses sujets, que pour les auteurs de la guerre. Enfin le duc de Milan moyenna une trêve faite entre ces deux chefs, par laquelle l'un & l'autre demeurerent souverains sur les terres du Saint Pere. Mais quand cette guerre fut eteinte à Rome, Baptiste de Cannetto la ralluma dans la Romagne. Cet homme tua à Boulogne quelques domestiques de Grifon, & chassa de la ville le gouverneur qui y étoit pour le pape, avec quelques autres de ses ennemis. Cannetto, voulant conserver cet Etat à toute force, eut recours au duc Philippe pour être assisté de ses troupes. Le pape de son côté, voulant se venger de cette injustice, demanda du secours aux Vénitiens & aux Florentins. Les deux partis furent secourus, desorte qu'en peu de tems on vit deux grosses armées dans la Romagne.

Nicolas Piccinino commandoit les troupes du duc, & Gattamelata avec Nicolas de Tolentino commandoit celles des Vénitiens & des Florentins. Les deux armées en vinrent aux mains auprès d'Imola, & celle des Vénitiens & des Florentins fut battue. Dans cette défaite, Nicolas de Tolentino, ayant été pris prisonnier, fut envoyé au duc; & la mélancolie, contractée par ce désastre, ou l'adresse du duc, lui firent bientôt trouver la fin de ses jours. Ce prince, après cette victoire, ne poussa pas plus loin sa bonne fortune, soit qu'il se trouvât affoibli par les guerres précédentes, ou qu'il crût que la ligue se tiendroit en repos après cette défaite; quoiqu'il en soit, il donna le tems au Pape & aux alliés de se joindre encore. Ils prirent alors pour leur général le comte François, dans la résolution de chasser Nicolas Fortebraccio des terres de l'église, afin de voir s'ils pourroient enfin terminer cette guerre, qu'ils avoient commencée en faveur du Pape.

Si-tôt que les Romains virent le Saint Pere fort en campagne, ils le rechercherent pour rentrer en paix avec lui; & ils firent un traité, par lequel ils reçurent un commissaire de sa part. Entre toutes les places dont Fortebraccio étoit maître, il y avoit Tivoly, Montefiascone, Citta di Castello, & Ascesi. C'étoit dans cette derniere place qu'il s'étoit retiré, ne pouvant pas tenir la campagne; desorte que le comte alla l'y

assiéger : & comme le siège tiroit de longue,
parce que Fortebraccio se défendoit en brave
homme, le duc crut qu'il falloit empêcher les
alliés de faire cette conquête, ou au moins se
mettre en état de se défendre lui-même, en cas
qu'ils en vinssent à bout. Il envoya, pour cet
effet, Piccinino en Toscane, afin de faire lever
le siège au comte par cette diversion. Mais les
confédérés, trouvant plus à propos de défendre
la Toscane que de prendre Ascesi, commanderent
à Sforce d'empêcher le passage à Piccinino, qui
étoit déjà à Fourli avec son armée. D'autre côté,
le comte vint à Cesene avec ses troupes, ayant
laissé la conduite de la guerre dans la Marche,
& le soin de ses Etats, à son frere Lion de
Sforce.

Pendant que Piccinino cherche les moyens de
passer en Toscane, & que le comte l'en veut
empêcher, Fortebraccio attaqua son frere Lion,
qu'il défit glorieusement, l'ayant pris prisonnier, dissipé son armée, & emporté plusieurs
places de la Marche avec la deniere rapidité.
Cet accident affligea fort le comte, qui craignant
de perdre tous ses Etats, laissa une partie de
son armée contre Piccinino ; & avec l'autre, il
alla chercher Fortebraccio, à qui il livra bataille,
la gagna, & le prit lui-méme prisonnier, qui mou-

rut ensuite d'une blessure qu'il avoit reçue dans le combat. Après cette victoire, le comte reprit toutes les places que Fortebraccio lui avoit enlevées, & contraignit le duc de Milan à demander la paix, qui fut moyennée par Nicolas d'Este, marquis de Ferrare, aux conditions que le Duc rendroit au Pape les places qu'il avoit prises dans la Romagne, & qu'il feroit retourner ses troupes en Lombardie. Baptiste de Cannetto n'étant pas assez puissant, ni assez brave, pour se maintenir dans Boulogne après le départ des troupes du Duc, il fut contraint de s'enfuir ; comme il arrive à tous ceux qui ne subsistent que par la puissance des autres ; & Antoine Bentivoglio, chef du parti opposé, rentra dans la ville.

Tout cela arriva pendant l'exil de Cosme de Médicis ; & quand il fut retourné à Florence, ceux qui l'y avoient rappellé ne penserent qu'à s'affermir dans le gouvernement, sans garder aucune mesure : desorte que la seigneurie, qui fut tirée à son tour pour les deux mois de novembre & de décembre, ne se contentant pas de ce que la précédente avoit fait en faveur du parti, prolongea encore les termes de l'exil à plusieurs, changea à d'autres les lieux où on les avoit relagués, & en bannit beaucoup d'au-

tres. On faisoit même des affaires à des citoyens,
non pas tant pour leurs engagemens dans un
parti opposé, qu'à cause de leurs richesses, de
leurs parens, & de leurs liaisons particulières :
& si cette prescription avoit répandu du sang,
elle auroit été entièrement semblable à celles de
Sylla & d'Auguste. On ne laissa pas pourtant
d'en répandre un peu ; car Antoine, fils de Bernard Guadagni, eut la téte tranchée, outre quatre
autres citoyens, desquels étoient Zanobe Belfra-
telli & Cosme Barbadori, parce qu'ils étoient
sortis des lieux où ils étoient relégués, étant
allés à Venise ; & les Vénitiens, faisant plus de
cas de l'amitié de Médicis, que de leur honneur
même, les envoyerent à Florence, où on les
fit indignement mourir.

Cette exécution rendit le parti redoutable,
& imprima de la terreur dans l'esprit des ennemis, qui admiroient qu'une si puissante république
vendît sa liberté aux Florentins. Mais le dessein
des Vénitiens étoit de rendre nos divisions plus
dangereuses, parce qu'ils ne voyoient point de plus
grand obstacle à leur grandeur, que notre union.
Quand le gouvernement se vit délivré de ses
ennemis, & de ceux qui lui donnoient de l'ombrage, il commença à faire du bien à d'autres,
afin de rendre son parti plus fort, en lui acqué-

rant des créatures. Il rétablit la maison des Alberti & tous ceux qui comme eux, avoient été rebelles aux ordres de leur patrie. Il mit dans le rang du peuple tous les grands, à la réserve de quelques-uns. Il partagea entre ses partisans tous les héritages des rebelles. Après cela, il se fortifia par de nouveaux ordres & de nouvelles loix, faisant de nouveaux scrutins, & mettant hors des bourses les noms suspects, & les remplissant de ceux de ses adhérens : & ces gens-là profitant des causes de la ruine de leurs ennemis, ils crurent qu'il ne suffisoit pas, pour affermir leur autorité, d'avoir des scrutins tous de gens choisis ; ils établirent encore, que les magistrats des affaires criminelles seroient toujours pris du nombre des chefs de leur parti : & pour cela, ils ordonnerent que les deux personnes, qui sont établies dans les scrutins pour mettre les noms dans les bourses, auroient le pouvoir conjointement avec la précédente seigneurie, de créer la nouvelle. Ils mirent l'autorité de juger à mort entre les mains des huit de la garde. Ils ordonnerent, que les relégués, après leur terme expiré, ne pourroient pas rentrer dans l'Etat, à moins qu'entre les Seigneurs & leurs collegues, qui sont au nombre de trente-sept, il n'y en eût trente-quatre qui y consen-

G 4

tissent. Ils défendirent de leur écrire & d'en recevoir des lettres ; & il ne falloit qu'un mot, un geste, une mode, qui déplut à ceux qui gouvernoient, pour être puni dans la derniere rigueur ; & s'il restoit encore à Florence quelques personnes suspectes, qui ne pussent être atteintes par tous ces réglemens, l'on trouva bien les moyens de les accabler par les nouveaux droits qu'on imposa : desorte qu'ayant chassé & appauvri tout le parti opposé, ils vinrent à bout de s'assurer de toute l'autorité. Afin aussi de ne pas manquer de secours du dehors, & en même tems pour l'ôter aux gens qui voudroient leur nuire, ils firent une ligue défensive avec le pape, le duc de Milan & les Vénitiens.

Pendant que les affaires alloient sur ce pied à Florence, Jeanne, Reine de Naples, mourut, & declara, par testament, Regnier d'Anjou son héritier. Alfonse, Roi d'Arragon, étoit alors en Sicile, qui ayant intelligence avec plusieurs barons du Royaume, se disposoit à le conquérir. Les habitans de Naples, & beaucoup d'autres barons, étoient dans les intérêts du duc d'Anjou. Le pape, d'autre part, ne vouloit point que cet Etat tombât, ni entre les mains d'Alfonse, ni dans celles de Regnier ; mais il vouloit qu'il fût administré par un gouverneur de sa part.

Cependant, Alfonse fit descente dans le royau-me, & fut reçu par le duc de Sesse, où il prit à sa solde quelques princes; & étant maître de Capouë, parce que le prince de Tarante la tenoit en son nom, il avoit formé le dessein de ré-duire les habitans de Naples à suivre ses ordres: ainsi, il envoya son armée contre Gajete, qui étoit au pouvoir des Napolitains. Cela les fit résoudre à demander du secours à Philippe, duc de Milan, qui persuada aux Génois de faire cette entreprise. Ces gens-ici, voulant satisfaire le duc, qui étoit leur souverain, & sauver leurs effets qu'ils avoient à Naples & à Gajete, mi-rent en mer une puissante armée. Alfonse, ap-prenant cette nouvelle, fortifia sa flotte, alla lui-même en personne au-devant des Génois, & les ayant rencontrés à la hauteur de l'île de Ponce, ils se livrerent bataille, qu'Alfonse per-dit, étant lui-même fait prisonnier avec plusieurs princes, & remis par les Génois entre les mains de leur duc.

Cette victoire étonna tous les princes d'Ita-lie, qui commencerent à redouter la puissance de Philippe, jugeant qu'il étoit en état de les soumettre tous. Mais ce prince prit un parti tout contraire à celui-là, tant les pensées des hommes sont différentes entre elles. Alfonse étoit un prince fort prudent , & si-tôt qu'il put s'entretenir avec Philippe , il lui fit entendre qu'il étoit dans un très-grand abus d'être contre lui, & dans les intérêts du duc d'Anjou , qui ne seroit pas plutôt roi de Naples , qu'il tâcheroit de trouver les moyens de faire tomber le duché de Milan entre les mains du roi de France , afin d'avoir toujours près de lui un puissant secours , & de n'être pas toujours obligé d'attendre, dans ses besoins , qu'on lui eût accordé le passage libre. Or , il ne pouvoit point venir à bout de ce dessein , qu'en perdant le duc de Milan, & en faisant tomber ses Etats au pouvoir des François : mais que pour lui , s'il devenoit roi de Naples , il feroit tourner la chose tout au contraire , parce que n'ayant point d'autres ennemis que les Français , il seroit bien obligé d'entretenir une grande union & d'obéir même au prince qui pouvoit leur donner passage contre lui : que par ce moyen , Alfonse auroit le nom de roi, & Philippe toute l'autorité : que par conséquent, il étoit bien plus de l'intérêt du duc , que du sien propre , de faire réflexion sur le péril où il s'exposoit par le premier parti , & sur l'avantage qu'il tireroit de l'autre , à moins qu'il n'aimât mieux satisfaire sa passion que d'assurer ses Etats ; que par le moyen qu'il lui proposoit il

seroit un prince indépendant ; au lieu que, con-
tribuant à rendre le duc d'Anjou roi de Naples,
il travailloit lui-même à s'enfermer entre deux
potentats très-puissans : que ce qui en arriveroit, c'est qu'il perdroit son pays ; ou bien vi-
vant dans de continuelles défiances, il seroit
obligé d'être dans une perpétuelle dépendance
de ces princes-là.

Ce discours fit tant d'impression sur l'esprit
de Philippe, qn'il donna la liberté à Alfonse, &
le fit escorter depuis Génes jusqu'à Gajete, que
quelques Seigneurs du parti de ce roi, ayant appris
sa délivrance, avoient prise en son nom. Les Génois voyant que sans avoir aucun égard pour eux,
leur prince avoit rendu la liberté à Alfonse, &
s'étoit fait honneur des finances qu'ils avoient
consumées, & des dangers où ils s'étoient exposés ; qu'il tiroit d'ailleurs tout l'avantage de cette
délivrance, & qu'il ne leur en restoit que tous
les désavantages qu'apporte la guerre, ils en
furent outrés contre lui.

Lorsque Génes est maîtresse d'elle-même, elle
crée par la voie des suffrages libres un chef
qu'on appelle Doge, non pas pour être leur
prince souverain, ni pour qu'il fasse les délibé-
tions lui seul ; mais afin que, comme président,
il propose les matieres qui doivent être traitées

par les magistrats & par les conseils. Il y a dans cette Ville-là plusieurs familles nobles, si puissantes, qu'elles ont peine à se soumettre aux magistrats. Entre toutes les autres, celle des Frégoses & celle des Adorna, ont un très-grand pouvoir. Elles deux sont la source de toutes les dissentions de la ville & de tous les désordres du gouvernement, parce que, se disputant entr'elles l'autorité & le commandement, bien souvent moins par les loix que par les armes, il arrive qu'un des partis succombe, & que l'autre domine. Quelquefois il arrive aussi que celui qui a succombé a recours à quelque prince voisin; & enfin ils soumettent à une puissance étrangere leur pays qu'ils ne sont pas capables de gouverner eux-mêmes. C'est de-là que ceux qui regnent en Lombardie sont souvent maîtres de Gênes; comme cela se rencontra, lorsque le roi d'Arragon fut fait prisonnier de guerre. François Spinola étoit un des plus considérables entre ceux qui furent cause qu'on soumit la ville au duc de Milan; & peu de tems après avoir mis sa patrie dans l'esclavage, il devint lui-même suspect au duc, comme il arrive presque toujours dans ces affaires-là. Spinola, piqué de ce soupçon, s'étoit retiré à Gajete comme dans un exil volontaire; & quand le combat arriva contre le roi d'Arragon, il se mit dans les intérêts du duc, & se battit en brave homme. Cela lui fit espérer qu'ayant si bien servi il devoit s'être au moins assez attiré la faveur de Philippe, pour pouvoir vivre librement dans Gênes. Mais ayant apperçu que le duc ne changeoit point de pensée à son égard, parce que ce prince ne pouvoit se persuader qu'un homme qui n'avoit pas eu d'affection pour sa patrie en pût avoir pour un étranger, il résolut de tenter fortune encore une fois en essayant de rendre la liberté à son pays, afin de réparer en même-tems son honneur, & de se mettre en repos. Il jugea donc qu'il n'y avoit point d'autre expédient à suivre, à l'égard de ses compatriotes, que de faire ensorte qu'ils tirassent le remede de la part même dont leur étoit venu le mal : ainsi, voyant le mécontement général de la ville, à cause de la délivrance du roi d'Arragon, il crut que le tems étoit devenu propre pour faire réussir ses desseins. Il s'ouvrit pour cet effet à quelques personnes qu'il savoit être dans les mêmes pensées, & il les exhorta & les disposa à se joindre à lui.

Le duc de Milan avoit envoyé un nouveau gouverneur à Gênes, qui s'appelloit Arismino, & qui faisoit son entrée dans la ville le jour de la Saint Jean-Batiste. Comme il étoit déjà entré, accompagné d'Opicino , précédent gouverneur ; & de beaucoup de Génois, Spinola crut qu'il ne falloit pas différer davantage. Il sortit donc de sa maison en armes avec ceux qu'il avoit engagés dans son parti ; & quand il fut dans la place qui est devant sa maison , il cria, LIBERTÉ. Il est surprenant avec quelle foule & avec quelle vitesse le peuple s'assembla à l'ouïe de ce mot ; ensorte que ceux qui étoient dans le parti du duc , ou par affection , ou par intérét, bien loin d'avoir le tems de prendre les armes, à peine trouverent-ils celui de se sauver par fuite. Arismino , avec quelques Génois qui l'accompagnoient, se retira dans la citadelle, qui étoit gardée par les gens du duc. Opicino espéroit de se sauver, ou de donner courage à ses amis de se défendre en se retirant dans le palais , où il avoit deux mille soldats à son commandement : mais devant qu'il fût arrivé à la place, il fut tué & déchiré en mille pieces , & traîné par les rues de la ville.

Génes étant rentrée en liberté , & gouvernée par ses magistrats ordinaires, on ne tarda gueres à reprendre le château & les autres endroits fortifiés que le duc tenoit, & on se retira entierement de dessous sa domination.

Tout cela ayant tourné de la sorte , au-lieu que

d'abord les princes d'Italie avoient été étonnés, dans l'appréhension que le duc ne devînt trop puissant, ils vinrent à concevoir, par ces succès, l'espérance de pouvoir le brider ; & nonobstant la ligue qu'on avoit faite il n'y avoit pas long-tems, les Florentins & les Vénitiens firent alliance avec les Génois. Là-dessus, Renaud d'Albizi & les autres chefs des relégués de Florence, voyant les affaires brouillées, & qu'elles avoient changé de face, espérerent que le duc pourroit bien rompre tout-à-fait avec les Florentins ; de sorte qu'étant allés à Milan, Albizi parla à ce prince de cette maniere :

» Si après que nous avons été vos ennemis, nous
» avons la confiance de venir à-présent vous de-
» mander votre protection & votre secours pour
» rentrer dans notre pays, vous ne devez point
» en être surpris, aussi bien que tous ceux qui
» considéreront bien comment vont toutes les
» choses du monde & tous les changemens de la
» fortune. Rien n'est pourtant si aisé que de
» justifier la conduite que nous avons tenue par
» le passé & celle que nous tenons encore à
» présent, tant à votre égard qu'à celui de notre
» patrie. Jamais un homme d'honneur ne trou-
» vera à dire qu'on défende son pays le mieux
» qu'il est possible ; & jamais, en le faisant, nous

» n'avons eu intention de vous faire tort, mais
» seulement de garantir notre Etat d'invasion.
» Vous pouvez vous souvenir là-dessus que,
» dans le plus heureux cours des victoires de
» notre ligue, lorsque nous fumes persuadés que
» vous souhaitiez la paix tout de bon, nous nous
» y montrâmes plus portés que vous-même. Nous
» sommes donc assurés que nous n'avons jamais
» rien fait, qui nous fasse appréhender que vous
» nous refusiez votre faveur.

    » Notre patrie ne peut non plus trouver mau-
» vais que nous vous poussions à prendre contre
» elle les armes dont nous l'avons si résolument
» défendue ; car une république ne mérite d'être
» aimée de tous ses citoyens, que lorsqu'elle les
» protege tous également, & non pas lorsqu'au
» préjudice du général, elle n'a d'égards que
» pour un petit nombre d'entr'eux. Personne
» aussi ne peut condamner absolument toutes les
» sortes de guerres qu'on peut faire contre son
» pays ; car encore qu'un Etat soit un corps
» composé, on peut fort bien néanmoins le met-
» tre en comparaison avec les corps naturels ;
» & comme dans ces derniers il y survient des
» maladies qui ne peuvent se guérir qu'avec le
» fer & le feu, souvent il arrive aussi des maux
» si dangereux dans les corps politiques, qu'un
                                 » bon

» bon citoyen doit bien plutôt travailler à les gué-
» rir, quand le fer y seroit nécessaire, que de souf-
» frir qu'ils infectent & qu'ils perdent tout le corps.
» Cela posé, quelle maladie plus dangereuse peut
» survenir à une république, que l'esclavage ?
» Quels remedes faut-il employer, si ce n'est ceux
» qui sont propres à la guérir d'un si grand mal ?
» Les guerres justes sont nécessaires, & c'est
» être tendre & charitable que d'employer les
» armes, lorsqu'on ne peut espérer de soulager
» les peuples par d'autres moyens. Pour moi,
» je ne sais pas quelle nécessité est plus urgente
» que la nôtre, & quelle charité peut être plus
» grande que celle qui va à délivrer un pays
» de la tyrannie. Il est très-certain que notre
» cause est juste & nos motifs charitables ; &
» c'est cela particulierement que vous & nous
» devons bien considérer avec beaucoup de
» soin.

» De votre côté, la justice ne vous manque
» pas non plus, puis qu'après une paix si so-
» lemnellement jurée, les Florentins n'ont pas
» eu honte de faire alliance avec les Génois qui se
» sont rebellés contre vous. Si donc notre intérêt
» ne vous touche pas, suivez au-moins les mou-
» vemens de votre juste ressentiment, & d'autant
» plus que vous voyez la chose facile ; car que

» les exemples passés ne vous étonnent pas,
» après avoir vu un peuple puissant & coura-
» geux à maintenir sa liberté, ce qui pourroit
» donner de l'appréhension si les choses étoient
» encore comme alors : mais elles ont bien
» changé de face ; car quelles forces voulez-vous
» trouver dans un Etat qui a fait sortir de chez
» lui, par sa tyrannie, la meilleure partie de ses
» richesses & de l'industrie de ses habitans, qui
» en étoit la source ? Quelle résolution voulez-
» vous trouver dans un peuple qui est tout en
» dissention par tant & de si fréquentes brouille-
» ries ? Ces dissentions seront encore une forte
» raison pour empêcher que les richesses, qui
» sont demeurées dans cette république, ne
» puissent pas être employées comme elles
» étoient autrefois, parce que les hommes con-
» sentent volontiers à dépenser leur bien, quand
» il s'agit d'acquérir de la gloire & de conserver sa
» liberté, espérant que la paix les dédommagera
» des pertes de la guerre. Mais ils ne sont pas de
» si bonne volonté, lorsqu'ils se voient égale-
» ment accablés & par la paix & par la guerre,
» étant obligés de supporter, dans l'une, les
» outrages & la violence de l'ennemi, & dans
» l'autre l'insolence & la tyrannie de ceux qui gou-
» vernent : car il n'est rien de plus vrai, que l'a-

» varice des souverains est beaucoup plus pré-
» judicable aux peuples que les ravages des enne-
» mis ; & la raison, c'est que l'on espere voir la
» fin de ces derniers ; mais l'autre ne finit jamais.

» Autrefois donc vous aviez entrepris la guerre
» contre une république entiere ; aujourd'hui ve-
» nez la faire à la moindre partie. Dans ce tems-
» là, vous étes venu pour assujettir une grande
» quantité de citoyens qui étoient gens de bien ;
» aujourd'hui, venez pour châtier une poignée de
» scélérats. Autrefois enfin, vous êtes venu pour
» dépouiller une république de sa liberté ; venez
» à présent la lui rendre : car il n'est pas rai-
» sonnable de croire que, dans une si grande
» différence de conjonctures, les effets doivent
» être semblables ; au contraire, on en doit at-
» tendre une victoire assurée. Jugez combien
» elle affermira votre autorité, qui sera sou-
» teuue par une étroite alliance avec la Toscane,
» que vous vous serez attachée par les liens
» indissolubles d'une si grande défiance ;
» en sorte que, dans vos desseins, vous pourrez
» en tirer plus d'avantage que de Milan méme ;
» & au lieu qu'autrefois la conquête qu'on vous
» propose ici auroit paru venir d'un esprit am-
» bitieux & violent, aujourd'hui l'on ne pourra
» l'attribuer qu'à des mouvemens de compassion

» & d'équité. Ne laissez donc pas perdre une
» conjoncture si favorable, & souvenez-vous
» que, si vos anciens desseins contre cet Etat-là
» vous ont engagé dans de grandes difficultés &
» dans des dépenses immenses, pour ne vous
» produire que du déshonneur, celui-ci ne vous
» doit produire qu'une conquête facile & une
» gloire assurée «.

Il ne falloit pas un long discours pour animer
le duc à faire la guerre aux Florentins ; il avoit
pour eux une haine héréditaire qu'une ambition
aveugle avoit produite. Il y étoit, outre cela,
excité par la nouvelle alliance qu'ils venoient de
faire avec les Génois. Néanmoins les dépenses
du passé, les risques qu'il avoit courus, le souvenir de ses dernieres pertes, & les espérances
vaines des exilés l'étonnoient.

Si-tôt que ce prince eut appris le soulevement
de Génes, il y avoit envoyé Nicolas Piccinino,
avec tous ses gendarmes & toute l'infanterie qu'il
avoit pû ramasser dans tout le pays, afin de faire
un effort pour la regagner, avant que les habitans fussent bien remis, & qu'ils eussent réglé le
gouvernement, faisant de plus assez de fond sur
le château qu'on lui gardoit dans la ville ; & quoique Piccinino chassât d'abord les Génois de dessus
les montagnes, & qu'il leur eût enlevé la vallée

de Pozevari, où ils s'étoient fortifiés, & qu'ils les eût repoussés jusques dans leurs murailles, il trouva néanmoins tant de difficultés à passer plus outre, à cause de l'opiniâtreté & du courage des habitans, qu'il fut contraint de s'en éloigner. Le duc, à la persuasion des exilés de Florence, commanda à ce général d'attaquer la riviere du Levant (1), & qu'il fît le plus d'hostilités qu'il pourroit dans les terres des Génois, vers les confins de Pise, espérant que cette attaque lui fourniroit dans l'occasion des moyens de former quelque dessein.

Piccinino, après cet ordre, attaqua Serezana, & la prit. Ensuite, faisant de grands ravages pour allarmer les Florentins, il vint à Luques, faisant courir le bruit qu'il vouloit passer pour aller au royaume de Naples secourir le roi d'Arragon. Le pape Eugêne, voyant ces mouvemens, partit de Florence, & vint à Boulogne, où il entra en négociation pour faire un nouveau traité entre la ligue & le duc de Milan, à qui il faisoit entendre

---

(1) Ce terme, qui s'est naturalisé en notre langue, signifie proprement la marine ou les rivages de la mer. Ainsi la riviere de Gènes ne signifie autre chose que les bords de la mer, voisins de cette ville ; et la riviere du levant signifie cette partie de la marine, qui tire du côté de Livourne.

H 3

que s'il ne vouloit point de paix, il seroit contraint de céder à la ligue le comte François
Sforce, qu'il tenoit à sa solde, après avoir fait
alliance avec lui. Mais quelque peine que le pape
se donnât pour faire réussir cette négociation,
ce fut inutilement, parce que le duc ne vouloit
point entendre à la restitution de Gênes : & la
ligue vouloit que cette Ville conservât sa liberté.
Chacun donc ne voyant pas de jour à la paix,
se préparoit à la guerre.

Piccinino étant venu à Luques, & les Florentins, appréhendant qu'il ne fît quelques entreprises nouvelles, firent couvrir le territoire
de Pise par leur cavalerie, commandée par Néri
de Gino, & ils obtinrent du pape que le comte
Sforce se joignît à lui : après quoi toute leur
armée fit halte à Sainte Gonde. Piccinino, qui
étoit à Luques demandoit le passage libre pour
aller à Naples ; & voyant qu'on le leur refusoit,
il menaça de le prendre par force. Comme les
armées étoient à-peu-près égales, & pour le
nombre & pour les chefs, pas un ne vouloit
risquer, étant encore retenus par le froid de la
saison (car on étoit au mois de décembre); desorte qu'ils furent plusieurs jours sans se faire
de mal les uns aux autres. Piccinino fut le premier qui fit quelques mouvemens, parce qu'on

lui avoit dit qu'il pourroit aisément prendre Vico Pisano, s'il l'attaquoit de nuit. Ce dessein ne lui ayant pas réussi, il ravagea le pays voisin, pilla & brûla le bourg de Saint Jean.

Quoiqu'il n'eût pas tiré un grand avantage de ce mouvement, cela ne laissa pas de l'encourager à aller plus avant, sur-tout ayant vu que Néri & le comte ne s'en émouvoient pas. Il attaqua Sainte Marie de Castello & Filetto, & les emporta. L'armée des Florentins ne s'émut point encore pour cela, non que le comte eût de l'appréhension, mais parce que le magistrat ne s'étoit pas encore déterminé à la guerre, par respect pour le pape, qui négocioit encore la paix; & les ennemis, croyant que les Florentins fissent par timidité ce qu'ils faisoient par prudence, étoient encore encouragés à faire de nouvelles entreprises : ainsi ils résolurent de prendre Barga.

Pour cet effet, ils se présenterent devant la place avec toutes leurs forces. Cette nouvelle démarche fit résoudre les Florentins à ne garder plus de mesures, & à secourir Barga, en attaquant aussi l'Etat de Luques.

Là-dessus le comte Sforce suivit Piccinino, & ayant lié le combat sous les murailles de Barga, le comte eut l'avantage ; & ayant presque défait Piccinino, il l'obligea de lever le siége.

Cependant les Vénitiens, jugeant que le duc de Milan avoit rompu la paix, envoyerent Jean François de Gonzague leur général, à Guiaradadda, où faisant de très-grands ravages dans le pays du duc, il l'obligea de retirer Piccinino de la Toscane. Cette retraite & l'avantage que les Florentins avoient remporté sur lui, leur donna le courage d'attaquer Luques, avec grande espérance de l'emporter. Ils n'avoient aucune appréhension que ce coup leur manquât, & ils ne croyoient pas être obligés de garder des mesures avec cette république; car, pour le premier, ils voyoient le duc de Milan, qui étoit le seul qu'ils pussent craindre, assez occupé par les Vénitiens, & pour Luques, elle ne pouvoit raisonnablement se plaindre du traitement qu'on lui préparoit, puisqu'elle avoit donné retraite à leurs ennemis, & permis qu'ils ravageassent leurs pays.

Le comte donc mit en marche l'armée au mois d'avril de l'an mil quatre cent trente-sept; & devant que de rien entreprendre sur l'ennemi, les Florentins voulurent reprendre ce qui leur appartenoit : ainsi ils rentrerent dans Ste. Marie de Castello, & dans les autres places que Piccinino avoit prises. Puis s'étant jetés sur le pays de Luques, ils attaquerent Camajore, dont les gens se rendirent, quoique fideles & affectionnés à leur pays ; mais la peur d'un ennemi proche fit plus d'impression sur eux, que leur fidélité pour un ami éloigné. On emporta de même Massa & Serezana. Tout cela s'étant fait vers la fin de mai, l'armée prit sa route du côté de Luques, ravageant & gâtant tous les grains, coupant les vignes & les arbres, brûlant toutes les maisons, pillant tous les bestiaux ; enfin ils eurent soin de faire précisément & exactement tout le mal qu'on peut faire à des ennemis.

Les Luquois se voyant abandonnés du duc de Milan, & désespérant de pouvoir défendre leur pays, ils l'avoient abandonné, se contentant de fortifier leur ville le mieux qu'il étoit possible. Avec cette précaution, ils croyoient n'avoir rien à craindre pour elle, la voyant remplie de gens sans défense, & espérant pouvoir la garder un tems considérable, parce qu'ils jugeoient de l'avenir par les entreprises que les Florentins avoient autrefois faites contr'eux. Ils n'appréhendoient que les esprits changeans du menu peuple, qui se dégoûtant bientôt des fatigues du siége, pourroit bien être plus touché de ses propres malheurs, que de l'honneur de défendre courageusement la liberté de leurs maîtres ; ce qui lui feroit sans doute prendre la résolution de les obliger à faire une capitulation dommageable & honteuse. Ainsi, dans le dessein de l'encourager à se bien défendre, la régence convoqua cette populace dans le marché, & l'un des plus prudens de l'Etat leur parla en ces termes :

» Vous devez savoir, sans doute, que les
» choses qu'on fait par force ne méritent ni
» louange, ni blâme. C'est pourquoi, si vous
» nous imputiez de nous être attiré cette guerre,
» pour avoir reçu chez nous les troupes du duc
» de Milan & permis qu'elles fissent des exécu-
» tions militaires sur l'Etat de Florence, vous
» vous tromperiez grandement. Vous n'ignorez
» pas l'ancienne animosité des Florentins contre
» vous, que vous n'avez jamais excitée par
» aucun tort que vous leur ayez fait, ni par la
» crainte qu'ils eussent de vous, mais seulement
» par votre foiblesse & leur ambition ; car l'une
» leur donne l'espérance de vous vaincre, &
» l'autre les pousse à l'entreprendre : & ne vous
» imaginez pas que vous puissiez jamais rien
» faire qui les puisse détourner de cette avi-
» dité qu'ils ont de s'emparer de votre État, ni
» que vous puissiez par aucune action les ani-
» mer davantage contre vous qu'ils le sont. Leur

» intérêt donc est de vous enlever votre liberté ;
» & le vôtre est de la défendre. L'on peut bien
» se plaindre, mais l'on ne doit pas être surpris
» de tout ce qu'eux & nous, sommes obligés
» de faire pour ces différentes intentions. Plai-
» gnons-nous donc, à la bonne heure, de leur
» invasion, de la prise de nos places, de l'in-
» cendie de nos maisons, & du ravage de notre
» territoire : mais qui sera le simple d'entre nous
» qui en soit étonné, puisqu'il est constant que
» nous en ferions autant, ou peut-être davan-
» tage, si nous le pouvions ? Et si c'est l'arri-
» vée de Piccinino qui leur a fourni le prétexte
» de cette guerre, ils en auroient bien trouvé
» d'autres, quand celui-ci leur auroit manqué ;
» car quand ce malheur auroit tardé à venir, il
» n'en auroit peut-être été que plus grand. Il
» ne faut donc point l'imputer à cette venue,
» mais plutôt à votre misere, & à l'ambition de
» vos ennemis ; car nous ne pouvions pas refuser
» l'entrée à ces troupes, & ensuite les empê-
» cher de faire des hostilités.

» Vous savez bien que nous ne pouvons pas
» nous maintenir sans l'appui d'un puissant allié,
» & il n'y en a point qui le puisse faire avec plus
» de force & plus de fidélité que le duc. C'est
» lui qui nous a rendu la liberté ; il est raison-

» nable qu'il nous la conserve. Il a toujours été
» le véritable ennemi de nos ennemis : si donc
» nous l'eussions fâché, pour ménager les Flo-
» rentins, nous aurions perdu un véritable ami
» pour rendre nos ennemis plus puissans & plus
» en état de nous perdre. Il est donc plus avan-
» tageux d'avoir cette guerre sur les bras, que
» de jouir de la paix avec la haine du duc. Nous
» devons même espérer qu'il nous tirera du
» danger où il nous a mis, pourvu que nous ne
» nous oublions pas nous-mêmes. Vous n'ignorez
» pas avec quelle rage les Florentins nous ont
» tant de fois attaqué; & vous vous souvenez
» bien avec quelle gloire nous les avons toujours
» repoussé. Souvent même nous n'avons eu espé-
» rance qu'en Dieu & au tems; & l'un & l'autre
» nous ont toujours sauvé. Que si alors nous
» nous sommes si bien défendus, quelle raison
» nous peut empêcher de le faire encore à pré-
» sent ? Alors toute l'Italie nous avoit abandonné;
» mais nous avons le duc pour nous. Nous de-
» vons même croire que les Vénitiens ne se
» porteront pas volontiers à nous faire du mal,
» parce que la puissance des Florentins ne leur
» plaît pas. La derniere fois qu'il nous attaque-
» rent, ils avoient moins d'affaires, & pouvoient
» espérer plus de secours, étant, outre cela,

» plus puissans encore qu'ils ne sont. Nous, au
» contraire, nous l'étions beaucoup moins que
» nous ne le sommes à présent ; car alors nous dé-
» fendions un tyran : mais aujourd'hui nous nous
» défendons nous-mêmes. Alors nous combat-
» tions pour la gloire d'un autre ; aujourd'hui
» c'est pour la nôtre. Alors ils étoient bien
» unis ; aujourd'hui ils ne le sont pas, ayant
» toute l'Italie remplie de leurs citoyens mé-
» contens.

» Mais quand nous n'aurions point toutes ces
» raisons-là pour nous, la seule nécessité d'une
» juste défense nous doit assez donner de cœur.
» Vous devez raisonnablement craindre toute
» sorte d'ennemis, parce qu'il n'y en a point
» qui ne cherche sa gloire & votre ruine ; mais
» par-dessus tous, il n'y en a point dont la do-
» mination vous doive plus effrayer que celle
» des Florentins, parce qu'ils ne se contente-
» roient pas de notre soumission & de nos tributs ;
» mais ils en voudroient de plus à nos propres per-
» sonnes, & à ce qui nous resteroit de bien, afin
» de satisfaire leur avarice & leur cruauté tout-à-
» la-fois : il n'y a, par conséquent, personne qui
» ne doive appréhender de tomber entre leurs
» mains. Ne soyez donc point touchés de voir
». vos campagnes désolées, vos maisons brûlées,

» vos places prises ; car si nous sauvons cette ville,
» de nécessité nous sauverons le reste : mais si
» nous la perdons, ce ne seroit pas pour nous
» que tout cela auroit pu être conservé, puis-
» que, conservant notre liberté, l'ennemi ne
» pourra pas garder nos terres ; mais devenant
» esclaves, ce ne seroit pas pour nous que nous
» les posséderions. Prenez donc courageuse-
» ment les armes, & dans le combat souvenez-
» vous toujours que le prix de votre victoire
» sera votre conservation, celle de la patrie,
» & enfin celle de vos biens & de vos familles «.

Ces dernieres paroles firent un puissant effet sur l'esprit de ce peuple ; & tout d'une voix, chacun promit de périr plutôt que de manquer à son devoir, ou de donner les mains à une paix qui fût honteuse à un peuple libre : & là-dessus on donna tous les ordres nécessaires à la défense d'une ville.

Cependant l'armée des Florentins ne perdoit point de tems ; & après des ravages excessifs qu'elle faisoit dans le plat pays, elle prit Monte Carlo par capitulation. Après cette conquéte, on alla assiéger Uzano, afin de fermer tous les passages par où le secours pouvoit entrer dans Luques, pour la contraindre de se rendre par la famine. Ce château étoit fort & muni de tout ce dont il avoit besoin pour se défendre ; desorte qu'il ne fut pas si aisé à prendre que les autres.

Les Luquois se voyant pressés, eurent recours, avec raison, à Philippe , & lui parlant avec honnêteté , ils se recommanderent à lui par un discours mêlé de force & de douceur ; tantôt représentant leurs services , tantôt faisant voir les insultes det Florentins , ils lui remettoient dans l'esprit combien cela encourageroit ses autres alliés , s'il défendoit Luques contre une république si ambitieuse ; & s'il ne le faisoit pas , quelle consternation ce mauvais exemple ne jetteroit-il pas dans l'esprit de tous ceux qui se confioient en lui ! Que, pour eux, s'ils perdoient la liberté & la vie , il perdroit, quant à lui , son honneur & ses amis , avec la confiance que d'autres pourroient avoir en lui , lorsque l'occasion se trouveroit de s'exposer en sa faveur. Ces députés accompagnerent leur discours de larmes , afin que si ce prince n'étoit pas touché par son devoir, il le fût au-moins par la compassion. Ainsi joignant à son ancienne aversion pour les Florentins la derniere obligation qu'il avoit aux Luquois , & sur-tout ne souhaitant pas que la république augmentât sa puissance par une conquête si considérable , le duc résolut donc d'envoyer une grosse armée en Toscane , ou d'attaquer les Vénitiens avec tant de furie, que les Florentins fussent contraints d'abandonner leurs attaques pour les venir défendre.

Quand cette résolution fut prise, aussi-tôt on entendit dire à Florence, que le duc envoyoit des troupes en Toscane ; ce qui commença à faire perdre aux Florentins l'espérance de leur conquête, & afin que le duc fût plus occupé en Lombardie, ils pressoient les Vénitiens de le serrer de près avec toutes leurs forces. Mais cette république, étant intimidée par la désertion du marquis de Mantouë, qui étoit passé au service du duc, répondit, que bien loin de pouvoir redoubler leurs efforts, ils nétoient pas en état de continuer la guerre, si les Florentins ne leur envoyoient le comte Sforce pour commander leur armée, en s'obligeant de passer le Pô en personne, parce qu'autrement ils n'étoient pas même en état de se défendre : qu'ainsi il ne falloit plus avoir égard aux anciens traités, par lesquels il n'étoit point obligé de passer cette riviere, parce qu'ils ne vouloient pas faire la guerre sans général ; ne pouvant se confier qu'au comte, ils ne pouvoient pas en tirer de service, à moins qu'il ne s'obligeât à faire la guerre partout où l'on le jugeroit nécessaire.

Les

Les Florentins voyoient bien qu'il étoit à propos de faire une vigoureuse guerre en Lombardie ; que d'autre côté, s'ils y envoyoient le comte, leur dessein sur Luques se ruinoit. D'ailleurs, ils pénétroient bien l'intention des Vénitiens, moins pressés de la nécessité, que portés à traverser leur conquéte, en leur demandant si instamment Sforce, qui aussi ne vouloit point rompre la clause de son traité, pour ne se point rendre le duc ennemi, qui lui avoit promis sa fille Blanche en mariage : du-reste, il vouloit bien passer en Lombardie, si la ligue le souhaitoit. Ainsi, les Florentins étoient emportés par deux mouvemens contraires. L'un étoit la passion de prendre Luques ; l'autre l'appréhension de la guerre avec le duc. Mais comme il arrive presque toujours, ce fut l'appréhension qui l'emporta : & ils voulurent bien que le comte passât en Lombardie après la prise d'Uzano. Il ne restoit plus qu'une difficulté, qui ne dépendant pas des Florentins, leur fit plus d'embarras, & leur donna plus lieu de craindre que l'autre, parce que le comte ne vouloit toujours point passer le Pô ; & les Vénitiens ne vouloient point de lui sans cela : & comme il ne se trouvoit point de moyen de les accorder, en cédant franchement de part ou d'autre, les Florentins lui persuaderent, autant qu'ils purent, de s'obliger à passer la riviere par un billet entre lui & la seigneurie, en lui faisant entendre, que par cette convention particuliere, il ne dérogeoit point à son traité public : qu'il pouvoit ensuite exécuter, sans manquer à cet engagement secret ; & que tout l'avantage qu'on en tireroit, c'est que les Vénitiens, étant entrés en guerre, seroient obligés de la continuer, ce qui feroit diversion d'une invasion, qu'ils redoutoient fort. Ils firent entendre, d'autre côté, aux Vénitiens que cette obligation secrette engageoit assez le comte ; qu'il avoit raison d'en user ainsi par respect pour son beau-pere prétendu ; qu'ils se contentassent donc de cela, puisqu'il ne seroit avantageux, ni aux uns, ni aux autres, de faire éclater la chose.

Ce fut-là l'expédient qu'on prit pour faire passer Sforce en Lombardie. Ainsi, après qu'il eut pris Uzano, & fait quelques forts autour de Luques pour la bloquer, il remit tout le soin de la guerre aux commissaires, passa les Alpes (1), & alla à Reggio, où les Vénitiens, ayant

---

(1) C'est-à-dire l'*Appenin*, que les Italiens ne laissent pas d'appeler du nom d'Alpes, comme ils font presque toutes les grandes montagnes.

pris de l'ombrage de ses démarches, lui demanderent, avant toutes choses, qu'il passât le Pô,
& qu'il se joignît à leurs autres troupes. Le
comte refusa nettement cette demande ; de sorte
qu'il y eut de grosses paroles entre lui & André Mauroceno, que la république de Venise
lui avoit envoyé. Ils s'entre-accusoient l'un &
l'autre d'avoir beaucoup d'orgueil & fort peu
de parole ; & après plusieurs protestations réci-
proques, l'un de n'étre pas obligé de servir, &
l'autre de n'etre pas obligé de payer, ils se
séparerent l'un retournant à Venise, l'autre en
Toscane.

Les Florentins donnerent des quartiers au
comte dans le plat-pays de Pise : & ils se flat-
toient de pouvoir le rengager à faire encore la
guerre à Luques : mais ils ne l'y trouvoient
point disposé, parce que le duc de Milan, ayant
appris que le comte, par des égards pour lui,
n'avoit point voulu passer le Pô, crut que par
les mêmes égards il pourroit encore délivrer Luques. Il le pria donc de faire la paix entre cette
ville-là & Florence, & de le faire comprendre
lui - méme dans le traité, s'il le pouvoit, en
lui promettant de lui donner sa fille quand il
voudroit.

Cette alliance tenoit fort au cœur de Sforce,

parce qu'il espéroit par-là d'etre un jour maître de Milan, le duc n'ayant point de fils. Il ôtoit donc aux Florentins tous les moyens de faire la guerre, disant *qu'il ne feroit pas un pas, si les Vénitiens ne le payoient pas de ce qui lui etoit dû* ; & même, qu'il ne lui suffisoit pas d'être payé, parce que voulant être assuré de la possession de ces Etats, il lui falloit encore un autre appui que les Florentins : que si donc les Vénitiens l'abandonnoient, il faudroit bien qu'il prît ses suretés ; menaçant finement de se joindre avec le duc de Milan. Tous ces petits détours & toutes ces fourberies déplaisoient beaucoup aux Florentins, parce qu'ils voyoient l'espérance de prendre Luques perdue, & qu'ils avoient même à craindre pour leur Etat, si le comte se liguoit avec le duc.

Pour donc engager les Vénitiens à payer à Sforce la pension qu'il demandoit, Cosme de Médicis alla lui-même à Venise, espérant qu'un homme de sa réputation les pourroit porter à cela. Il traita long-tems cette matiere dans le sénat, faisant voir l'état des affaires d'Italie, la grande puissance où le duc de Milan étoit monté, ayant de son côté la force & la réputation des armes ; & que si le duc & le comte Sforce venoient à s'unir ensemble, les Vénitiens

n'avoient qu'à retourner dans leurs marais, &
Florence n'auroit qu'à disputer tant qu'elle pourroit sa liberté. Les Vénitiens répondirent à cela,
« qu'ils connoissoient leurs forces & celles d'I-
» talie, & qu'ils croyoient être en état de se
» défendre ; mais que ce n'étoit pas leur cou-
» tume de payer des soldats qui servoient les
» autres ; qu'ainsi c'étoit aux Florentins à payer
» le comte, puisqu'il les servoit : que pour eux,
» qui vouloient posséder leur Etat en toute
» sureté, ils croyoient qu'il leur étoit plus né-
» cessaire d'abbatre l'orgueil de ce général, que
» de le payer, parce que les hommes ne mettent
» point de bornes à leur ambition ; & si l'on
» le payoit à présent sans avoir servi, peu de
» tems après il feroit quelque demande malhon-
» nête & plus dangereuse : qu'ainsi ils avoient
» jugé à propos de refréner un peu son inso-
» lence, afin qu'elle ne vînt pas à croître jus-
» qu'à être incorrigible. Néanmoins, si les Flo-
» rentins, ou par crainte, ou bien par quelque
» autre motif, vouloient conserver son amitié,
» qu'ils pouvoient se satisfaire «.

Médicis s'en retourna donc sans remporter
autre chose. Les Florentins faisoient aussi tous
leurs efforts pour empêcher que le comte ne se
détachât de la ligue, & il ne pouvoit l'abandon-

ner que contre son inclination ; mais la passion
de conclure son mariage le tenoit en suspens, ensorte que le moindre accident le pouvoit faire
déterminer, comme il arriva. Le comte avoit
laissé à la garde de ses places dans la marche
Fourlano, un de ses principaux officiers, qui
fut tant sollicité par le duc, qu'il quitta le service de Sforce, & entra dans le sien. Cet évè-
nement fut cause que le comte, craignant pour
ses propres intérêts, ne garda plus de mesures,
& traita avec le duc. Entre les articles de ce
traité, il y en avoit un, par lequel il étoit dit,
*que ce prince ne prendroit aucune part dans les
affaires de la Marche & de la Toscane.* Après
cette affaire conclue, le comte pressa les Florentins de faire la paix avec Luques, & il le
fit avec tant d'instance, que ne voyant pas
moyen de faire mieux, ils traiterent avec elle
au mois d'avril mil quatre cent trente-huit. Par
cet accord les Luquois conserverent leur liberté, & les Florentins rétirerent Monte Carlo &
quelques autres de leurs châteaux. Après cela, ils
remplirent l'Italie de lettres de plaintes disant,
« que puisque dieu & les hommes n'avoient pas
» voulu que Luques tombât sous leur domina-
» tion, ils avoient fait la paix avec elle « : &
rarement il arrive qu'on ait autant de chagrin

de la perte de sa propre liberté, que les Florentins en eurent alors de n'avoir pas opprimé celle des autres.

Mais quoique dans ces tems-là ils eussent beaucoup d'affaires, ils ne laissoient pourtant pas de penser à leurs voisins, & d'embellir leur ville. Nous avons dit que Fortebraccio étoit mort. Il avoit épousé une fille du comte de Poppi, qui, lorsque son gendre mourut, tenoit en son pouvoir le Borgo San Sepolcro avec la forteresse, & il y commandoit pendant qu'il vécut. Mais quand Fortebraccio fut mort, le comte dit, *qu'il la retenoit pour le douaire de sa fille*; & il ne vouloit point rendre ce poste au pape, qui le redemandoit comme un bien enlevé à l'église : ainsi pour le retirer des mains de Poppi, le pape y envoya le patriarche avec ses gens. Le comte voyant bien qu'il ne pouvoit soutenir l'attaque, offrit la place aux Florentins, qui la réfuserent. Mais quand le pape fut retourné à Florence, ils s'entremirent entre le comte & lui, pour les mettre d'accord ; & comme il s'y trouvoit des difficultés, le patriarche attaqua le Casantin, & prit Prato Vecquio & Romena, qu'il offrit aussi aux Florentins ; qui n'en voulurent point non plus, à moins que le pape ne consentît qu'il leur seroit libre de

les rendre au comte : & après beaucoup de disputes , le pape le voulut bien , pourvu que les
Florentins promissent de s'employer auprès du
comte pour lui faire restituer le Borgo.

Le pape étant satisfait par cet expédient, les
Florentins le prierent de vouloir consacrer lui-
même l'église cathédrale de leur ville , appellée
Santa Reparata, qui étoit commencée depuis
long-tems, & qui enfin se trouvoit alors assez
achevée, pour qu'on y pût faire le service dedans. Le pape y acquiesça volontiers ; & pour
lui faire plus d'honneur, aussi-bien que pour
marquer la magnificence de la ville & de l'église ,
on fit faire un échafaud , qui regnoit depuis
Sainte Marie Nouvelle, où logeoit le pape, &
qui alloit jusqu'à l'église qu'on devoit consacrer.
Cet échafaud avoit six pieds de large , & étoit
élevé de trois , étant couvert dessus & à l'en-
tour de riches étoffes. Il n'y avoit que le pape
& sa cour, avec les magistrats & les citoyens
députés à accompagner sa sainteté, qui dussent
passer sur cet échafaud ; tout le reste de la ville
étoit dans les rues, dans les places, sur les maisons, & dans l'église, pour contempler un si
beau spectacle.

Quand toutes les cérémonies accoutumées en
pareil cas furent finies, le pape voulant donner

des marques de son affection, honora de l'ordre de chevalerie Julien d'Avanzati, Gonfalonier de justice, qui avoit toujours été dans une très-grande réputation; & la seigneurie, voulant montrer aussi sa considération pour le Saint Pere, fit capitaine de Pise pour un an le même Avanzati.

Dans ces tems-là y avoit certains différens entre l'église romaine & la grecque, ensorte qu'elles ne convenoient pas entièrement sur le service divin : & comme dans le dernier concile tenu à Bâle, les prélats de l'église d'Occident consulterent beaucoup cette affaire, ils conclurent, « qu'on devoit employer toute la diligence possible, pour faire ensorte que l'empereur & les » prélats d'Orient se pussent réunir avec l'église » romaine, en venant au concile à Bâle «. Or, quoiqu'il fût indigne de la majesté de l'empire Grec, & peu agréable à l'orgueil de ses prélats, de céder au Pontife romain ; néamoins, se voyant pressés par les Turcs, & hors d'état de se défendre eux-mêmes, ils voulurent bien plier, afin d'être en droit de demander plus librement le secours dont ils avoient besoin. L'empereur donc, avec le patriarche, les prélats, & les barons grecs, vinrent à Venise, pour aller à Bâle, selon l'arrêté du concile : mais ayant été effrayés par le bruit de la contagion, ils demandcrent que leurs différens fussent terminés dans la ville de Florence. Les prélats grecs & romains s'étant assemblés plusieurs jours dans notre église cathédrale, après plusieurs longues disputes, enfin les grecs céderent, s'accorderent avec l'église romaine & son Pontife.

Après que la paix fut faite entre Florence & Luques, & entre le duc de Milan & le comte François Sforce, on se persuadoit aisément qu'on pourroit enfin mettre bas les armes en Italie, surtout en Toscane & en Lombardie : car pour le Royaume de Naples, il n'y avoit pas d'apparence que la guerre, qui s'y faisoit entre René d'Anjou & Alfonse d'Arragon, dût finir autrement, que par la ruine de l'un des deux concurrens. Pour le pape, quoiqu'il eût du chagrin d'être dépouillé de plusieurs de ses places, & que l'on n'ignorât pas aussi l'ambition du duc de Milan & des Vénitiens, l'on ne doutoit pourtant point que le saint pere ne vécût en repos par nécessité, & les autres par lassitude.

Néanmoins, la chose alla autrement ; car ni le duc, ni les Vénitiens, ne voulurent point de repos : ainsi la Lombardie & la Toscane devinrent encore le théâtre de la guerre. Le duc étoit trop fier pour souffrir que les Vénitiens jouis-

sent en repos de Bergame & de Bresce , sur-
tout les voyant toujours sous les armes , & faisant des courses continuelles sur ses terres : desorte qu'il esperoit les mettre à la raison , &
méme reconquérir les places qu'ils lui avoient
prises , pourvu que le pape , les Florentins , &
le comte Sforce , abandonnassent cette république. Dans cette pensée , la premiere résolution
que Philippe prit , fut de dépuiller le pape de
la Romagne , afin de lui ôter par-là les moyens
de lui nuire ; & pour les Florentins , il espéroit qu'ils demeureroient en repos , dans l'appréhension d'attirer chez eux le feu qui en
seroit si proche ; ou si nonobstant cela , ils
vouloient remuer , il leur seroit plus difficile de
l'attaquer. Ce prince n'ignoroit pas non plus le
chagrin que les Florentins avoient contre les
Vénitiens au sujet de Luques : c'est ce qui lui
faisoit espérer qu'ils ne seroient pas si empressés
à prendre les armes en leur faveur. Pour le comte
Sforce , il espéroit le rendre constant & attaché
à ses intérêts , à cause de leur nouvelle amitié ,
& de l'espérance de devenir son gendre. Mais
pour ne faire point crier contre lui , & n'obliger pas les gens à prendre les armes , & sur-tout
pour ne point contrevenir au traité fait avec le
comte, de ne point entrer dans la Romagne , il

la fit attaquer par Piccinino, comme si ç'eût été pour satisfaire son ambition particuliere.

Piccinino étoit dans la Romagne, lorsque le traité se fit entre le duc & le comte. Etant convenu avec le duc, il fit feinte d'être mécontent de ce qu'il avoit fait une alliance avec le comte son plus grand ennemi. Sur ce prétexte, il se retira avec ses troupes à Camurata, qui est entre Fourli & Ravenne, & il s'y fortifia comme s'il eût voulu y demeurer jusqu'à ce qu'il eût trouvé quelque bon parti à prendre. Et comme le bruit de son mécontentement étoit répandu par-tout, il fit représenter au pape les services qu'il avoit rendus au duc de Milan, & l'ingratitude dont il les récompensoit : que ce prince s'imaginoit de pouvoir conquérir toute l'Italie, parce qu'il avoit à son service les deux premiers capitaines & presque toutes les troupes qui y fussent; mais que si sa sainteté vouloit, il trouveroit bien les moyens que de ces deux généraux, dont il prétendoit disposer, l'un lui feroit la guerre, & l'autre lui deviendroit inutile, parce que pourvu que le saint pere le pourvût d'argent, & lui donnât les moyens d'entretenir ses troupes, il attaqueroit les Etats que le comte avoit enlevés à l'église; de sorte qu'étant obligé de se défendre lui-même, il ne pourroit pas servir d'instrument à l'ambition de Philippe.

Le pape crut aisément ce que Piccinino lui donnoit à entendre, parce qu'il le trouvoit conforme à toutes les apparences : c'est pourquoi il lui envoya cinq mille ducats, accompagnés de promesses & d'offres de places pour lui & pour ses enfans. Et quoique le pape fût averti de la fourberie, il ne pouvoit la croire, ni même entendre ceux qui lui donnoient des avis salutaires. Ostasio de Polente étoit gouverneur de Ravenne de la part du pape; & Piccinino ne croyant pas devoir différer l'exécution de ses desseins, parce que son fils avoit désolé Spolette, au grand déshonneur du pape, il résolut d'attaquer Ravenne, parce qu'il croyoit la chose fort aisée, ou parce qu'il avoit intelligence avec Ostasio. Quoiqu'il en soit, peu de jours après la premiere attaque, il la prit par composition. Après cette conquête, il prit Boulogne, Imola & Fourli. Ce qu'il y a de plus étonnant dans cette guerre; c'est que de vingt forteresses qui étoient gardées par les troupes du pape dans ces Etats-là, il n'y en eut pas une qui ne tombât entre les mains de Piccinino. Mais il ne se contenta pas d'avoir outragé le pape par ces invasions, il entreprit encore de le faire par des discours

de raillerie ; car il lui écrivit, que c'étoit avec
justice qu'il l'avoit dépouillé de ses Etats , puisqu'il n'avoit point eu aucune honte de vouloir
mettre la division entre le duc de Milan & lui,
qui depuis long-tems vivoient dans une si bonne
correspondance , & qu'il avoit eu la hardiesse de
remplir l'Italie de lettres qui marquoient, qu'il
avoit laissé le service de ce prince , & qu'il étoit
entré dans celui des Vénitiens.

Après que Piccinino eut conquis la Romagne ,
il la donna à garder à François son fils ; & pour
lui, il s'en alla en Lombardie avec la plus grande
partie de ses troupes. Là, s'étant joint avec les
troupes du duc, il entra dans le pays de Bresce ,
& le prit tout en peu de tems; puis il assiégea
la ville. Le duc , qui vouloit qu'on lui abandonnât les Vénitiens à sa discrétion, s'excusoit auprès du pape, des Florentins , & de Sforce
même, des conquêtes de Piccinino dans la Romagne , disant » qu'elles n'étoient pas moins
» contre ses intentions, qu'opposées au traité :
» & par des gens appostés & secrets, il leur
» faisoit dire à l'oreille, que si-tôt que les af-
» faires & le tems le permettroient, il feroit voir
» combien cette désobéissance lui déplaisoit. «

Les Florentins & le comte Sforce n'ajoutoient point de foi à ces discours ; mais ils ju-

geoient bien, comme c'étoit la vérité, que cette entreprise n'avoit été faite que pour les tenir en échec, jusqu'à ce qu'il eût terrassé les Vénitiens, qui s'imaginoient pouvoir résister eux seuls à toute la puissance du duc, & qui étoient si orgueilleux, qu'ils ne vouloient demander de secours à personne, se contentant de faire la guerre avec leur général Gattamelata.

Le comte Sforce souhaitoit, avec l'appui des Florentins, passer à Naples au secours du roi René d'Anjou, si les évènemens survenus en Lombardie, & dans la Romagne, ne l'eussent point arrêté; & les Florentins l'auroient aidé volontiers dans ce dessein, à cause de la bonne & ancienne amitié que leur république a toujours eue pour la maison de France. Le duc de Milan, au contraire auroit voulu protéger Alfonse, à cause de l'amitié qu'il avoit faite avec lui dans le tems qu'il le tenoit prisonnier. Mais l'un & l'autre, assez occupés par les guerres de leur voisinage, furent obligés de laisser-là les desseins éloignés.

Les Florentins voyant la Romagne réduite sous le pouvoir du duc & les Vénitiens battus, ils appréhendoient aussi leur perte par celle de leurs voisins; ce qui les obligea de prier le comte de venir en Toscane, pour aviser à ce

qu'il faudroit faire, afin de s'opposer à la puissance de Philippe, qui étoit devenu plus redoutable que jamais, assurant que si l'on n'arrêtoit
pas en quelque sorte son insolence, il n'y auroit point d'Etat en Italie qui ne s'en ressentît
bien-tôt. Le comte voyoit bien que l'appréhen-
sion des Florentins étoit bien fondée : cependant la passion qu'il avoit de conclure l'alliance,
où le duc s'étoit engagé avec lui, le tenoit en
suspens. Ce prince, qui connoissoit le foible de
Sforce, le flattoit d'une grande espérance, pourvu qu'il ne prît point les armes contre ses intéréts, car la jeune princesse étoit déjà en état
de contracter mariage : & pour le mieux entretenir dans cette pensée, il avoit bien des fois disposé toutes choses pour la conclusion ; mais il
rompoit après cela, toutes les mesures prises,
sur des prétextes recherchés. Cependant, afin
d'ôter au comte tout sujet de doute, il ajouta
aux promesses verbales l'exécution des conditions
auxquelles il s'étoit obligé par le traité, & il
lui envoya trente mille florins, qu'il s'étoit
chargé de lui donner en considération de cette
alliance.

La guerre ne laissoit pas d'augmenter en Lombardie, & il ne se passoit point de jour que les
Vénitiens ne fissent quelque perte ; & les troupes
du

du duc avoient défait toutes les armées qu'ils avoient mises le long des rivieres, pris tout le territoire de Bresce & de Vérone, & serré de si près ces deux places, que selon l'opinion commune, elles ne pouvoient pas tenir encore long-tems. Le marquis de Mantouë, qui avoit été bien des années le général de la république, l'avoit abandonnée, contre son attente, & s'étoit engagé avec le duc; desorte qu'elle se vit obligée, dans la suite de cette guerre, de faire par la peur, ce que par orgueil elle n'avoit pas voulu faire d'abord : car reconnoissant bien qu'elle ne pouvoit pas avoir d'autre remede, que l'amitié des Florentins & celle du comte Sforce, elle commença à la rechercher, quoiqu'avec confusion & crainte, parce qu'elle appréhendoit que les Florentins ne lui fissent la même réponse qu'elle leur avoit autrefois faite dans l'affaire de Luques & du comte. Mais elle les trouva plus traitables qu'elle n'avoit espéré, & plus qu'elle ne devoit attendre de sa mauvaise conduite. Les Florentins suivirent plutôt les mouvemens d'une ancienne aversion contre le duc de Milan, que le ressentiment qu'ils pouvoient avoir contre leurs vieux & bons amis. Et comme il y avoit du tems qu'ils avoient prévu l'extrémité où devoient tomber les Véni-

tiens, ils avoient fait voir au comte Sforce
» que leur ruine entraîneroit la sienne propre,
» & qu'il s'abusoit grandement, s'il s'imaginoit
» que le duc le considérât davantage dans
» sa prospérité, que dans sa mauvaise for-
» tune, & qu'il lui eût promis sa fille par un
» autre motif, que celui de la criante qu'il avoit
» de lui : qu'il pensât donc, que les promesses
» qu'on fait dans la nécessité ne se font bien
» souvent exécuter que par contrainte : qu'ainsi
» il falloit pousser encore le duc, ce qui ne se
» pouvoit faire que par l'élévation des Véni-
» tiens : qu'il devoit donc croire, que si les
» Vénitiens étoient réduits à abandonner leur
» Etat de terre ferme, il ne pourroit plus espérer
» aucun secours d'eux, ni même des autres qui
» le pourroient faire, parce qu'ils seroient inti-
» midés par le funeste exemple de cette républi-
» que : que s'il vouloit un peu examiner les
» Etats d'Italie, il verroit qu'ils étoient ou pau-
» vres, ou mal-intentionnés pour lui ; & que
» comme il l'avoit dit bien des fois, les Floren-
» tins seuls n'étoient pas en pouvoir de le main-
» tenir : de sorte qu'il voyoit bien que par
» toutes sortes de raisons il étoit obligé de
» faire en sorte que les Vénitiens demeurassent
» toujours puissans en terre ferme «.

Ces raisons , jointes à l'aversion que le comte
avoit conçue contre le duc, parce qu'il lui sembloit que ce prince l'avoit tenu le bec dans l'eau
sur la conclusion du mariage avec sa fille, lui firent
enfin consentir à un traité , sans vouloir pourtant encore s'obliger à passer le Pô; les articles
en furent arrêtés en février l'an mil quatre cent
trente-huit. Par ce traité les Vénitiens promirent
de faire les deux tiers de la dépense, & les
Florentins consentirent à l'autre tiers ; & les
uns & les autres s'obligerent conjointement de
défendre , à leurs frais, les Etats que le comte
tenoit dans la Marche d'Ancone. La ligue ne se
contenta pas de ses propres forces, mais elle y
joignit celles du Seigneur de Faience , des enfans des Malatesti de Rimini, & de Pierogiam-
pagolo des Ursins , qu'elle engagea dans ses intérêts. Ils tâcherent aussi de tenter le marquis de
Mantouë par de grandes promesses, afin de le
débaucher du service du duc; mais ils n'en purent
venir à bout : & le Seigneur de Faience, après
que sa pension fut arrêtée avec la ligue, trouvant que le duc lui faisoit un meilleur parti ,
prit ses intérêts ; ce qui éloigna l'espérance que
les confédérés avoient de pouvoir terminer
promptement les affaires de la Romagne.

La Lombardie étoit alors en mauvais état ,

parce que Bresce étoit serrée de si près par les troupes du duc, qu'on craignoit à chaque moment que la famine ne l'obligeât à se rendre. On craignoit aussi la même chose pour Vérone ; & si l'une de ces places tomboit sous le pouvoir du duc, l'on assuroit que toute la dépense faite jusqu'alors , & tous les préparatifs de guerre, étoient perdus. L'on ne voyoit point de remede plus assuré pour prévenir ce malheur, que de faire passer le comte en Lombardie. Mais il y avoit trois difficultés pour cela. La premiere étoit de l'engager à passer le Pô , & à faire la guerre par-tout où l'on voudroit. Le second embarras regardoit les Florentins , qui se trouvoient exposés à la discrétion du duc s'ils éloignoient le comte d'eux, parce qu'alors ce prince n'auroit eu qu'à remplir bien ses places , & avec une partie de ses troupes amuser le comte , pendant que d'autre côté , il pourroit venir en Toscane avec le reste de ses gens & les exilés , dont la régence d'alors avoit une crainte extrême. La troisieme difficulté étoit de trouver une route assurée pour faire arriver Sforce à Padouë , où les autres troupes des Vénitiens étoient assemblées.

De toutes ces difficultés celle qui regardoit les Florentins étoit la plus délicate. Cependant voyant la nécessité des affaires, lassés d'ailleurs des importunités avec lesquelles les Vénitiens demandoient le comte, faisant entendre que sans lui ils abandonneroient toutes choses, la république eut enfin plus d'égards aux besoins des autres, qu'à ses propres appréhensions. Mais parce que la seigneurie avoit député Neri di Gino Caponi pour traiter de cela avec le comte, elle jugea encore à propos qu'il allât à Venise, pour faire trouver plus agréable le service qu'on rendoit aux Vénitiens, & pour convenir & régler avec eux les suretés du passage du comte. Neri ayant reçu cet ordre, partit de Canasa, & il passa à Venise sur une barque. Jamais on ne fit une si belle entrée à aucun prince, que celle qu'on lui fit dans la ville, parce que cette république Jugeoit bien que la conservation de ses Etats dépendoit de la venue de Caponi & des choses qu'il avoit à proposer. Etant dont introduit dans e Sénat, il leur parla ainsi :

» La pensée de mes souverains, Sérénissime
» Prince, a toujours été, que la grandeur du duc
» de Milan étoit la ruine de votre Etat & de
» leur république : qu'ainsi leur conservation
» mutuelle dépendoit de la puissance de l'un &
» de l'autre. Si vos seigneuries eussent toujours
» été bien persuadées de cette vérité, nos af-
» faires seroient en bien meilleur ordre ; & vous-

» mêmes, vous seriez à couvert des dangers
» qui vous menacent. Mais parce que vous n'avez
» point eu de confiance en nous, & que vous
» ne nous avez point secourus dans les tems
» que vous deviez, nous n'avons pas pu courir
» aux remedes nécessaires à votre mal ; & vous
» n'avez pas pu vous-mêmes vous disposer
» promptement à nous les demander, parce que
» vous ne nous avez pas reconnus, dans votre
» bonne & dans votre mauvaise fortune, tels
» que nous sommes. Apprenez donc, que nous
» sommes faits de telle sorte, que ce que nous
» aimons une fois, nous l'aimons toujours, &
» que notre haine va sur le même pied.

» Votre seigneurie sérénissime peut juger
» elle-même de l'amour que nous avons pour
» vous, puisque vous avez vu bien des fois la
» Lombardie remplie de nos troupes & de nos
» exécutions militaires, pour vous secourir. La
» haine que nous avons pour Philippe, nous
» l'aurons éternellement pour toute sa maison :
» c'est une chose connue de toute la terre ; car
» il ne nous est pas possible de nous défaire
» de notre aversion pour tous les services que
» nous pourrions recevoir, ni d'oublier nos amis,
» quelque chagrin qu'ils nous donnent. Nous
» n'ignorons pas que nous pouvions fort bien

» être neutres dans cette guerre, en obligeant
» le duc, & sans courir de risques ; car encore
» qu'il fût devenu souverain de toute la Lom-
» bardie en vous ruinant, il restoit pourtant encore
» tant de ressources en Italie, que nous n'avions
» pas lieu d'appréhender notre perte, parce qu'un
» prince qui augmente son pouvoir augmente
» aussi la haine & l'envie qu'on a contre lui, & ces
» dispositions lui attirent enfin une guerre assez
» forte pour le mettre à la raison. Nous n'ignorons
» pas non plus, combien nous évitions de dé-
» penses en ne nous engageant point dans cette
» guerre-ici, & à quels périls nous nous expo-
» sons en nous déclarant, puisque cela pourroit
» bien attirer chez nous les ennemis qui ne sont
» à présent qu'en Lombardie. Mais toutes ces
» craintes ont cédé à notre ancienne amitié pour
» vous, & nous avons résolu de vous défendre
» avec la même vigueur dont nous pourrions
» nous défendre nous-mêmes, si l'on nous atta-
» quoit. C'est pour cela que mes souverains
» ont trouvé à propos, avant toutes choses,
» de secourir Vérone & Bresce ; ce que l'on ne
» peut faire que par le moyen du comte Sforce.
» C'est pour cela qu'ils m'ont d'abord député
» auprès de lui, pour l'engager à passer en Lom-
» bardie, & à y faire la guerre sans distinction

K 4

» de lieu, quoiqu'il ne fût point obligé à passer
» le Pô ; & enfin je l'ai disposé à la chose par
» les mêmes raisons qui nous y ont porté nous-
» mêmes. Et comme ce général est invincible
» par la force des armes, il ne veut point aussi
» être surmonté en honnêtetés, & a même voulu
» enchérir par-dessus notre libéralité envers
» vous ; car n'ignorant pas combien son départ
» peut tirer de fâcheuses suites pour la Tosca-
» ne, & que cependant il voit que nous préfé-
» rons votre sureté à notre propre conserva-
» tion, il a voulu aussi sacrifier tous ses inté-
» rêts à la gloire de vous tirer d'un pas si dan-
» gereux. Je viens donc vous présenter ce grand
» capitaine, avec sept mille chevaux & deux mille
» fantassins prêts à marcher contre l'ennemi,
» en quelque lieu qu'il soit. Je vous prie seu-
» lement, au nom de mes souverains , & de sa
» part aussi, que comme le nombre des troupes
» passe celui dont on est convenu , vous ayez
» aussi égard à l'en dédommager, afin qu'il n'ait
» pas lieu de se repentir d'être entré à votre
» service, ni nous aussi de l'y avoir fait con-
» sentir «.

Le discours de cet ambassadeur fut écouté
avec la même attention qu'on auroit donnée à un
oracle ; & il toucha si fort les auditeurs, qu'ils

n'eurent pas la patience d'attendre que le doge fit la réponse selon leur coutume ; mais sortant tous de leurs siéges, & élevant les mains, ils remercioient, les larmes aux yeux, les Florentins de leurs charitables services, & Caponi lui-même d'avoir exécuté ses ordres avec tant de promptitude & de diligence ; protestant que jamais ces grands & obligeans services ne sortiroient de leur cœur, ni de celui de toute leur postérité, & qu'ils vouloient que désormais leur patrie fût autant celle des Florentins que la leur propre.

Après que les premiers transports de cette grande tendressse furent un peu calmés, l'on délibéra sur la route que le comte devoit tenir, afin de le pourvoir de pontons, pionniers, & de tout ce qui lui seroit nécessaire. Il pouvoit venir par quatre endroits. Le premier étoit par Ravenne : mais comme l'on y étoit resserré par la mer & par les marais, on ne l'approuva pas. Le second étoit par le grand chemin ; mais le duc y tenoit un lieu fortifié, qu'il falloit emporter pour pouvoir passer. L'on trouva que cela auroit fait perdre du tems, ce qui eut peut-être fait manquer l'occasion de secourir à propos les assiégés, parce que la nécessité étoit pressante & demandoit une diligence extrême. La

troisieme route qu'on pouvoit prendre pour venir, c'étoit par la forêt de Lugo ; mais le Pô
étant débordé, le passage étoit devenu impossible. Il n'y avoit donc plus que le quatrieme passage, au travers de la plaine de Boulogne & sur
le pont Puledrano, par-dessus lequel il falloit
aller à Ferrare en passant à Cento, à la Pieve,
& entre Final & Bondeno : & de Ferrare l'on
pouvoit arriver par terre & par eau à Padouë,
où l'on joindroit les troupes de la seigneurie de
Venise. Quoique cette derniere route eût encore
ses difficultés, & que l'on pût être combattu
par les ennemis en quelques endroits, néanmoins
on la préféra aux autres, comme la moins méchante. Sitôt qu'on l'eut indiquée à Sforce, il
se mit en marche avec une extrême diligence,
& il arriva dans le territoire de Padouë le 20 du
mois de juin.

Dès que ce général fut arrivé en Lombardie,
tout l'Etat de Venise commença à se remplir de
bonnes espérances ; & au lieu qu'auparavant il
sembloit désespérer de se pouvoir même défendre, il commença à croire qu'il pourroit faire
de nouvelles conquétes. La premiere chose, que
fit le comte, fut d'aller au secours de Vérone ; &
Piccinino, voulant l'en empêcher, alla avec son
armée camper à Soave, qui est un château situé

entre le Vicentin, & le Véronois, où il s'étoit retranché par un fossé, qui menoit depuis le château jusqu'aux marais que la riviere d'Adice forme. Sforce, voyant qu'on lui avoit fermé le chemin par la plaine, crut qu'il pourroit aller par les montagnes, & s'approcher par-là de Vérone, se promettant que Piccinino ne s'en douteroit pas, la route étant rude & difficile ; où s'il s'en doutoit, il espéroit qu'il n'auroit pas assez de tems pour lui venir fermer ce passage. S'étant donc muni de vivres pour huit jours, il fit passer la montagne à ses gens, & descendit dans la plaine au-delà de Soave ; & quoique Piccinino eût fait faire quelques forts pour empêcher encore le comte de passer par-là, néanmoins ils ne furent pas assez bons pour l'arrêter.

Quand Piccinino vit son ennemi passé contre son espérance, il passa au-delà de l'Adice, afin de ne pas étre obligé de soutenir un combat inégal ; desorte que le comte entra dans Vérone, sans rencontrer d'opposition. Il ne restoit plus que Bresce à secourir. Cette ville-là est si proche du lac de la Garde, qu'encore qu'elle soit assiégée par terre, on peut pourtant la revictuailler par eau, ce qui avoit obligé le duc de se rendre maître de ce lac ; & au commencement de sa prospérité, il avoit pris tous les lieux qui pouvoient jetter des vivres dans Bresce par le moyen de l'eau. Les Vénitiens y avoient bien quelques galères, mais qui n'étoient pas en état de livrer combat aux gens du duc. Le comte voyant cela, jugea à propos d'appuyer la flotte des Vénitiens avec ses troupes de terre, & il espéroit par ce moyen se rendre maître des places qui coupoient les vivres à Bresce. Il assiégea donc Bandolino, château situé sur le lac, espérant qu'en l'emportant les autres se rendroient.

Mais la fortune fut contraire au comte dans cette rencontre, parce que la plupart de son monde tomba malade, de sorte que levant le siége, il alla à Zeno, château dans le Vernois, qui est un lieu abondant & sain. Piccinino, voyant la retraite du comte, afin de ne pas perdre l'occasion, qui lui sembloit favorable pour se rendre entièrement maître du lac, laissa le gros de son armée à Vegasio, & avec des troupes choisies il alla attaquer la flotte Vénitienne avec tant de furie, qu'il la prit presque toute. Cette victoire fit que presque tous les châteaux de dessus le lac se rendirent au vainqueur.

Les Vénitiens, étonnés de cette défaite, & craignant qu'elle ne fût suivie de la reddition de Bresce, sollicitoient le comte avec empressement d'aller la secourir. Mais voyant qu'il n'y avoit plus moyen de le faire par le lac, & que ç'eût été une témérité de l'entreprendre par la plaine, à cause des retranchemens, des redoutes, & des autres défenses que Piccinino y avoit faites ; en sorte que qui se fût engagé au milieu de tout cela, avec une armée d'ennemis que l'on y eût rencontrée, seroit allé chercher une défaite manifeste : ainsi il pensa que comme le chemin des montagnes lui avoit réussi pour secourir Vérone, il pourroit bien aussi lui aider à secourir Bresce. Le comte ayant donc pris cette résolution, il partit de Zeno, & il alla au lac de Saint André par le val d'Acri. De-là il vint à Torboli & à Penda sur le lac de la Garde ; puis il passa à Tenna, qu'il assiégea : car pour entrer dans Bresce, il falloit prendre auparavant ce château-là.

Piccinino ayant découvert le dessein de Sforce, fit avancer son armée à Pesquiere. De-là il marcha au-devant de lui avec le marquis de Mantouë, & quelques-unes de ses meilleures troupes ; & étant venu aux mains il fut défait & ses gens dissipés, en sorte qu'une partie fut prise & l'autre se sauva dans le camp, ou dans les bâtimens qu'ils avoient sur le lac. Piccinino se retira dans Tenna, & la nuit étant venue il pensa que s'il attendoit là le jour à venir, il ne pouvoit pas manquer de tomber entre les mains de l'ennemi ; de sorte qu'il aima beaucoup mieux s'exposer à un danger douteux que d'en attendre un assuré. Il n'avoit avec lui, de tant de gens qu'il avoit menés, qu'un seul valet allemand, très-robuste de sa personne, & qui avoit toujours été fort fidele à son maître. Piccinino lui persuada de le mettre dans un sac & de l'emporter sur ses épaules, comme si c'étoit du bagage, & de le mettre en lieu de sureté. L'armée étoit campée autour de Tenna ; mais elle ne faisoit aucune garde à cause de la victoire qu'on venoit de remporter : ainsi l'allemand put aisément sauver son maître ; car s'étant habillé comme un goujat, il emporta son balot tout au travers du camp sans trouver le moindre obstacle, & le rendit sain & sauf au milieu de leur armée.

Si cet avantage eût été suivi d'autant de bonne fortune qu'on en avoit eu en le remportant, il auroit été d'un plus grand secours à Bresce, & d'une plus grande utilité pour les Vénitiens. Mais comme on n'en sut pas profiter, la joie en fut bientôt passée, & Bresce continua d'être dans la même extrémité ; car Piccinino étant revenu dans son camp, chercha les moyens de reparer la perte qu'il venoit de faire, par

quelque avantage nouveau, en ôtant aux Vénitiens
les moyens de secourir Bresce. Ce général connoissoit bien la citadelle de Vérone, & il avoit
apprit de ses gens qui y étoient prisonniers,
qu’on y faisoit mauvaise garde, & qu’il étoit aisé
de s’en rendre maître. Il crut donc que la fortune
lui présentoit l’occasion de réparer son honneur
avec les moyens de changer en affliction la joie
que ses ennemis avoient eue de sa défaite.

La ville de Vérone est située en Lombardie,
au pied des montagnes qui séparent l’Italie de
l’Allemagne ; de sorte qu’elle est d’une situation
moyenne entre la plaine & les hauteurs. La riviere
de l’Adice sort de la vallée de Trente ; & en
entrant en Italie elle ne s’étend pas d’abord par
la campagne ; mais tournant sur la gauche, le
long des montagnes, elle arrive à Vérone, &
elle passe dans la ville sans la partager en deux
parties égales : car celle qui est vers la plaine
est bien plus grande que celle qui est du côté
des montagnes, sur lesquelles il y a deux citadelles, dont l’une s’appelle St-Pierre & l’autre
Saint-Félix. Mais elles paroissent toutes deux
meilleures par leur situation qu’elles ne le sont
en effet par leurs fortifications ; & comme elles
sont situées en lieu élevé, elles commandent
toute la ville. En deça de l’Adice, du côté de

la plaine, il y a deux autres citadelles tout proche des murailles de la ville, & qui sont bien éloignées de mille pas l'une de l'autre. L'une d'elles s'appele la vieille & l'autre la nouvelle citadelle. Du dedans de l'une il y a un mur qui va jusqu'à l'autre, & qui fait comme une corde droite à l'égard d'un arc, que forme la muraille de la ville, qui s'étend depuis une de ces forteresses jusqu'à l'autre. Tout le terrein qui se trouve entre ces deux murailles est rempli d'habitans, & il s'appele le faubourg de Saint-Zenon. Ce fut ce faubourg & ces deux citadelles que Piccinino résolut d'emporter, espérant d'y réussir aisément, tant pour la mauvaise garde qu'on y faisoit toujours, que parce que la derniere victoire qu'on avoit remporté, lui faisoit croire que la négligence étoit encore plus grande ; & enfin, parce qu'il savoit qu'il n'y a point d'exécution plus aisée à faire que celle dont l'ennemi ne croit pas que l'on puisse venir à bout.

Ayant donc pris des gens d'élite, il s'en alla de nuit avec le marquis de Mantouë à Vérone ; & ayant escaladé la citadelle neuve il l'emporta. De-là ses gens étant descendus dans la ville, rompirent la porte de Saint-Antoine & firent entrer leur cavalerie. Ceux qui étoient-là de la part des Vénitiens, & qui gardoient la vieille
citadelle,

citadelle, ayant d'abord entendu le bruit qu'on faisoit lorsqu'on tuoit les gens qui étoient dans la nouvelle, & ensuite quand l'on rompit la porte, s'étant apperçus que c'étoit les ennemis, ils s'écrierent & sonnerent l'allarme. Les habitans se réveillerent en désordre, & ceux qui eurent le plus de courage prirent les armes & allerent dans la place devant les Recteurs. Pendant cela les gens de Piccinino avoient saccagé le faubourg de Saint-Zenon & passoient plus avant ; de sorte que les habitans voyant que les troupes du Duc étoient dans la ville, & qu'il n'y avoit pas moyen de se défendre, ils conseillerent aux Recteurs Vénitiens de se retirer dans les citadelles, pour sauver leurs personnes & la ville même, leur faisant entendre qu'il valloit mieux conserver leur vie & les richesses des habitans pour une meilleure fortune, que de se mettre en risque de périr & de ruiner la ville, pour éviter un malheur dans lequel on étoit déjà. Ainsi les Recteurs & tous les Vénitiens avec eux, se retirerent dans la forteresse de St-Félix. Après cela quelques-uns des plus considérables habitans allerent trouver Piccinino & le marquis de Mantouë, pour les supplier d'aimer mieux posséder une telle ville riche que pauvre ; ce qui leur seroit bien plus honorable que de la laisser ruiner ; sur-tout puisqu'ils ne s'étoient point ·attiré la faveur de leurs anciens maîtres, ni la haine des nouveaux par la résistance. Piccinino & le marquis les consolerent, & défendirent la ville du pillage autant qu'ils purent, au milieu d'une licence militaire. Et comme ils étoient assurés que le comte Sforce ne perdroit point de tems pour venir la reprendre, ils firent tout ce qu'ils purent pour se rendre maîtres des forts, & ils se retrancherent contre ceux qu'ils ne purent point prendre, afin que ces tranchées empêchassent les gens du comte d'entrer dans la ville.

Sforce étoit avec son armée à Tenna, où ayant appris cette nouvelle, d'abord il la crut fausse ; mais en ayant été assuré par une confirmation, il voulut réparer sa premiere négligence par une grande promptitude. Et quoique tous les chefs lui conseillassent de laisser ses desseins sur Bresce & sur Vérone, & de s'en aller à Vicence pour n'être pas assiégé par les ennemis en demeurant-là, il n'en voulut rien faire ; mais il voulut essaier de reprendre la ville ; & comme on étoit dans ces embarras, s'étant tourné du côté des Provéditeurs Vénitiens (1), & de

______

(1) Ce terme signifie chez les Vénitiens la même chose que celui de commissaire chez les Toscans : car l'un et

Bernard Médecis qui étoit commissaire auprès de lui, de la part des Florentins, il leur promit de rentrer dans la ville, pourvu qu'on lui eût conservé une des quatre citadelles.

Ayant donc mis ses gens en ordre, il marcha avec une diligence extrême vers Vérone. Quand Piccinino le vit, il crut qu'il tiroit du côté de Vicence, suivant le conseil qu'on lui avoit donné; mais s'étant apperçu qu'il faisoit volte-face du côté de la place, & qu'il faisoit marcher toutes ses troupes du côté de la citadelle de St-Félix^e il se disposa aussi de son côté à la défense. Mais il ne vint pas à tems, parce que les retranchemens n'étoient pas encore faits, que les soldats étoient en dissension entr'eux, à cause du pillage & des rançons, & qu'il ne put pas les rallier assez tôt pour s'opposer aux gens du comte, & les empêcher de s'approcher de la citadelle, & par ce moyen d'entrer dans la ville, qu'ils reprirent glorieusement, à la honte de Piccinino & avec perte de ses gens : de sorte qu'il se retira d'abord dans sa citadelle avec le marquis de Mantouë ; & de-là, prenant la campagne, ils s'enfuirent à Mantouë, où ils ramasserent les restes de leurs

---

l'autre commandent des troupes, et font outre cela l'office d'Intendant d'armée.

gens qui s'étoient sauvés, & allerent joindre les autres qui étoient au siége de Bresce. Vérone fut donc prise & perdue en quatre jours par l'armée du Duc.

Sforce après cette avantage, & après avoir fait entrer avec bien de la peine des vivres dans Bresce, s'en retourna dans ses quartiers à Vérone, parce qu'on étoit déjà en hiver, & qu'il faisoit grand froid. Il donna ordre que, pendant cette saison, l'on fît à Torboli quelques galeres, afin d'être si fort au printems, & par eau & par terre, que l'on pût entierement délivrer Bresce.

Le Duc voyoit que la saison arrétoit la guerre, & qu'il ne pouvoit pas espérer de se rendre maître de Bresce & de Vérone, le tout à cause des finances & des conseils des Florentins, qui ne se souvenoient plus des mortifications que les Vénitiens leur avoient données, & qui n'avoient point voulu rompre avec eux, quelques promesses que ce prince leur eût faites. Tout cela fit résoudre de faire recueillir aux Florentins dans leurs propres terres les fruits de leurs semences en attaquant la Toscane. C'étoit un conseil que Piccinino & les exilés de Florence lui donnoient. Le premier l'y portoit parce qu'il avoit envie de se rendre maître des Etats de Braccio, & d'ôter à Sforce ce qu'il avoit dans la Marche d'Ancone.

Les exilés lui donnoient aussi ce conseil, par la passion qu'ils avoient de retourner chez eux ; & chacun de son côté avoit poussé le Duc à cela par des raisons plausibles & conformes à ses inclinations.

Piccinino leur faisoit entendre comment il pouvoit aisément l'envoyer en Toscane en tenant Bresce assiégée, puisqu'il étoit maître des postes qui sont sur le lac, que les places qu'il avoit sur terre étoient bonnes & bien munies, & qu'il avoit assez de troupes & de chefs pour s'opposer à Sforce, en cas qu'il voulût entreprendre quelque chose ; mais qu'il n'y avoit pas d'apparence qu'il en vint-là, devant que d'avoir délivré Bresce, ce qui étoit une chose impossible : qu'ainsi il feroit la guerre en Toscane sans discontinuer ses desseins en Lombardie. Il lui faisoit voir encore que les Florentins seroient contraints, ou de périr, ou de rappeler le comte, si-tôt qu'on iroit dans leur pays : que quelque parti qu'ils prissent là-dessus c'étoit toujours une victoire pour le duc.

Les exilés disoient : » Que, si Piccinino » s'approchoit de Florence, il étoit impossible » que le peuple ne prît pas les armes contre » leurs maîtres, dont l'insolence & la tyrannie » les avoient poussés à bout «. Ils faisoient voir qu'il étoit aisé d'en approcher, en s'engageant

de faire avoir le passage libre par le Casentin,
à cause de l'amitié que le Seigneur du lieu avoit
pour Albizi : de sorte que le duc, porté de
lui-même à la chose, y fut encore excité par les
conseils de tous ces gens-là.

D'ailleurs les Vénitiens, quoique l'hiver fût
fort rude, ne laissoient pas de presser le comte
de secourir Bresce avec toute l'armée. Mais le
comte disoit » que la chose étoit alors impossible,
» & qu'il falloit attendre le printems ; que ce-
» pendant il falloit mettre toutes choses en état,
» puis exécuter tout-d'un-coup ce dessein, &
» par eau & par terre «. Cela ne plaisoit pas
aux Vénitiens, qui faisoient tous leurs préparatifs
lentement, quoique dans leur armée il n'y eût
pas un régiment complet. Les Florentins ayant
eu avis de tout cela, commencerent à s'épouvanter, voyant que la guerre alloit tomber sur
eux, & qu'on n'avoit pas fait de grands progrès
en Lombardie. Les toupes ecclésiastiques, d'autre
côté, ne leur faisoient pas peu de peine, non
pas que le pape fût de mauvaise volonté contr'eux,
mais c'est qu'elles étoient sous le commandement
du patriarche qui étoit leur ennemi déclaré, &
elles suivoient bien plutôt ses ordres que ceux
du pape même. Jean Vitelesqui de Corneto étant
d'abord notaire apostolique, fut fait évêque de

Ricanati, ensuite patriarche d'Alexandrie ; mais enfin étant devenu cardinal on l'appela le cardinal de Florence. C'étoit un homme rusé & courageux, qui sut si bien faire qu'il se fit fort aimer du pape, & donner le commandement des armées ecclésiastiques, ayant été général dans toutes les entreprises que le pape fit en Toscane, dans la Romagne, au royaume de Naples & à Rome : de sorte qu'il acquit tant d'autorité dans les troupes & auprès du pape même, qu'il craignoit de lui commander quelque chose ; & les soldats n'obéissoient qu'à lui.

Ce cardinal étoit à Rome avec les troupes, lorsque la nouvelle vint que Piccinino passoit en Toscane. Cela redoubla la frayeur des Florentins, qui savoient que, depuis l'exil d'Albizi, le cardinal étoit leur ennemi ouvert, parce qu'ils n'avoient pas observé le traité fait par son moyen entr'eux & lui, la médiation de ce prélat lui ayant même apporté un fort grand préjudice, parce que ce fut sur sa parole qu'Albizi mit bas les armes ; & par-là il donna la facilité au parti contraire de le chasser. Ceux donc qui gouvernoient alors croyoient que le tems fût venu de dédommager le parti des exilés de toutes leurs pertes, sur-tout s'ils se joignoient à Piccinino lorsqu'il viendroit en Toscane ; ce que les

Florentins appréhendoient d'autant plus, qu'ils
voyoient qu'il abandonnoit un dessein prêt à
réussir, pour en venir faire de nouveaux &
d'incertains : » Ce qu'il n'eût jamais entrepris,
» disoient-ils, s'il n'avoit quelque intelligence
» secrette ou quelque stratagéme dans l'esprit «.
Ils avoient donné avis au pape de leurs sujets
de crainte, & le saint-pere avoit commencé à
s'appercevoir qu'il avoit trop donné d'autorité
aux autres. Mais pendant que les Florentins
étoient dans ces inquiétudes, la fortune leur
montra les moyens de s'assurer du patriarche.

La république tenoit par-tout des espions
très-exacts pour examiner ceux qui portoient les
lettres, afin de découvrir s'il n'y auroit pas
quelque mal-intentionné qui machinât quelque
entreprise sur l'Etat. Le hasard voulut qu'on prît
à Monte-Pulciano des lettres que le patriarche
écrivoit à Piccinino sans le consentement du
pape. Aussi-tôt le magistrat établi pour la
conduite de la guerre, les porta à sa sainteté :
& quoiqu'elles fussent écrites d'un caractere
contrefait, & que le sens en fût tellement
embrouillé que l'on ne pouvoit rien tirer de
clair, cependant cette obscurité affectée, avec la
correspondance que le patriarche tenoit avec
l'ennemi, mirent l'esprit du pape dans une telle

allarme, qu'il résolut de s'assurer de sa personne,
& en donna la commission à Antoine Rido de
Padoue, qui étoit gouverneur du château St-Ange
de Rome. Si-tôt qu'il eut cet ordre il n'attendoit
que l'occasion pour l'exécuter.

Le patriarche avoit résolu d'aller en Toscane,
& voulant partir de Rome le lendemain, il envoya
dire au gouverneur de se trouver le matin sur le
pont St-Ange, parce qu'il avoit quelque chose
à lui dire en passant. Rido crut avoit trouvé
l'occasion, & ayant donné les ordres nécessaires
à ses gens, il attendit le patriarche à l'heure
marquée sur le pont-levis du château, où, dès
qu'il fut arrivé & que Rido eut lié la conversation, il fit signe à ses gens de lever le pont :
de sorte que le patriarche, de général d'armée
qu'il étoit se vit tout-d'un-coup le prisonnier
du commandant d'un château. Les gens qui l'accompagnoient commencerent à murmurer ; mais
ayant appris les ordres du pape ils s'appaiserent.
Le gouverneur consola par ses honnêtetés le
patriarche ; & l'exhortant à prendre courage,
& d'avoir de bonnes espérances, il lui dit :
» Qu'on n'arrétoit pas des gens de sa sorte pour
» les laisser aller ensuite, & que ceux qu'il étoit
» dangereux de prendre ne devoient pas être
» relâchés, lorsqu'une fois on avoit fait la dé-

» marche de se saisir d'eux «. Ainsi ce cardinal mourut peu de tems après en prison. Le pape donna le commandement de ses troupes à Louis, patriarche d'Aquilée, & s'engagea de prendre la défense de la Toscane avec quatre mille chevaux & deux mille fantassins, quoique jusque-là il n'eût jamais voulu consentir à se mêler des différens de la ligue & du duc de Milan.

Les Florentins, se voyant délivrés de cette appréhension, n'avoient plus que celle de Piccinino & des désordres de la Lombardie, à cause de la mésintelligence qui étoit survenue entre le comte Sforce & les Vénitiens dont, voulant s'informer à fond, ils députerent à Venise Néri de Gino Caponi, & Julien d'Avanzati, leur donna ordre de régler l'état de la guerre pour la campagne prochaine, & que Néri, après avoir entendu les Vénitiens, s'en allât trouver le comte, pour entendre les siennes, & pour le disposer à tout ce qu'il falloit qu'il fît pour le bien des confédérés. Ces Ambassadeurs n'étoient pas encore arrivés à Ferrare, qu'ils apprirent que Piccinino avoit passé le Pô avec six mille chevaux ; ce qui leur fit hâter leur voyage : & quand ils furent arrivés à Venise, ils trouverent la seigneurie entierement résolue qu'on secourût Bresce, sans différer davantage, puisque la ville ne pouvoit pas soutenir jusqu'au printems , & attendre que la flotte destinée pour le lac fût prête , mais que , n'ayant pas d'espérance d'un autre secours que de celui-là , elle succombe- roit ; ce qui rendroit le duc triomphant , & leur feroit perdre tout leur Etat de terre-ferme. Néri , là-dessus, alla à Vérone pour entendre ce que diroit le comte, qui lui démontra avec beau- coup de bonnes raisons , qu'il étoit inutile pour lors de mener de la cavalerie du côté de Bresce , & que cela porteroit un grand préjudice pour les desseins du printems, parce qu'il étoit impos- sible de rien entreprendre dans la saison où l'on se trouvoit alors , & dans une telle situation que celle de Bresce , qui pût lui être avantageux : que l'on ne feroit que de fatiguer & mettre en dé- sordre l'armée , ensorte qu'elle seroit hors d'état d'agir dans la belle saison ; & qu'il faudroit la remettre dans ses quartiers à Vérone , pour répa- rer les désordres arrivés pendant l'hiver , & pour refaire les nouvelles provisions nécessaires pour la campagne ; desorte que le tems propre pour l'exécution se consumeroit à faire des marches & des contremarches.

Osatto Justiniani & Jean Pisani étoient à Vé- rone , députés auprès du compte pour y traiter de cette affaire. Enfin , après bien des contestes , il

fut conclu avec eux, « que les Vénitiens donne-
» roient au comte quatre-vingt mille ducats pour
» le printems prochain, & à leurs autres trou-
» pes quarante ducats pour chacun ; & qu'on se
» hâteroit d'entrer en campagne avec toute l'ar-
» mée, pour donner sur les Etats du duc, afin
» que, craignant pour lui-même, il fît revenir
» Piccinino en Lombardie. » Après cette conclusion, les députés retournerent à Venise : mais les
Vénitiens agissoient lentement, à cause que la
somme étoit fort grosse.

Cependant Piccinino continuoit sa route, & il
étoit déjà arrivé dans la Romagne, où il fit tant
avec les enfans de Pandolfe Malatesti (1), que,
se détachant des Vénitiens, ils prirent le parti
du duc de Milan. Cet accident déplut beaucoup
à Venise, & encore, parce qu'ils avoient espéré
les uns & les autres de faire tête par-là à Piccinino. Mais voyant les Malatesti déclarés contr'eux, les Florentins furent fort étonnés, d'autant plus qu'ils appréhendoient que Pierre-Jean-
Paul des Ursins, leur général, qui se trouvoit sur
les terres des Malatesti, ne fût défait par Picci-

---

(1) C'étoit les Seigneurs de Rimini, qui est une
ville sur le golfe de Venise, appartenant à-présent
au Pape.

nino ; & , par conséquent , qu'ils ne demeurassent dépourvus de toute défense. Cette même
nouvelle n'étonna pas moins le comte Sforce,
parce que Piccinino passant en Toscane, il craignoit qu'il ne lui enlevât la Marche. Ce général
ayant donc résolu d'aller garder sa maison, il
vint à Venise, & ayant été admis à l'audience, il
fit voir « qu'il étoit nécessaire à la ligue qu'il fît
» un voyage en Toscane, parce qu'il falloit faire
» la guerre dans les pays où étoit l'armée & le
» général des ennemis, & non pas où étoient ses
» places & ses garnisons : car, quand on a défait
» une armée, la guerre est finie ; mais quand on
» a pris les places, & que l'armée est en son
» entier, la guerre n'en est que plus échauffée,
» assurant d'ailleurs que la Marche & la Tos-
» cane étoient perdues, si l'on ne s'opposoit pas
» vigoureusement à Piccinino ; & que ces pro-
» vinces-là étant perdues, il ne restoit plus de
» ressources à la Lombardie : mais que, quand
» elle en auroit, pour lui, il n'avoit nullement
» l'intention d'abandonner ses sujets & ses alliés,
» & qu'étant passé en Lombardie prince, il ne
» prétendoit pas s'en retourner simple capi-
» taine ».

Le Doge lui répondit « qu'il n'ignoroit pas
» que, dès qu'il seroit non-seulement parti de

» Lombardie, mais même dès qu'il seroit aude-
» là du Pô, tout leur Etat de terre-ferme étoit
» perdu, & qu'ils n'étoient pas résolus de faire
» davantage de dépense pour le conserver, par-
» ce que c'est une grande imprudence de vouloir
» tâcher de défendre une chose qu'il faut perdre
» de nécessité, & qu'il y a bien moins de préjudice
» & de honte à perdre son état seulement, qu'à
» perdre & son état & son argent tout-à-la-fois :
» que, lorsque la république auroit succombé,
» l'on verroit alors combien le crédit des Véni-
» tiens est nécessaire pour conserver la Toscane
» & la Romagne : qu'ainsi ils étoient opposés
» entierement à son sentiment, parce qu'ils
» croyoient que l'on seroit victorieux par-tout
» ailleurs, lorsqu'on le seroit en Lombardie ; qu'il
» étoit aisé de le devenir, puisque les Etats du
» duc étoient entierement découverts par le départ
» de Piccinino, ensorte que l'on pouvoit aisé-
» ment les ruiner devant qu'il pût le rappeller,
» ou trouver quelqu'autre remede ; & qu'en exa-
» minant bien le fait avec toute la pénétration &
» la prudence possibles, l'on verroit aisément que
» le duc ne s'est résolu d'envoyer son général en
» Toscane, que pour faire désister le comte de
» ces desseins-là, & pour porter chez les autres
» la guerre qui étoit chez lui ; desorte qui si le

» comte suivoit Piccinino , sans une nécessité
» extréme , c'étoit justement faire l'intention du
» duc , & donner dans le piége qu'il tendoit.
» Mais si l'on veut faire demeurer l'armée
» en Lombardie , & pourvoir à la Toscane le
» mieux qu'il se pourra , il commencera , quoi-
» que tard , a s'appercevoir qu'il a pris un mé-
» chant parti ; & il ne le verra que dans le tems
» qu'il sera ruiné en Lombardie sans avoir fait
» de progrès en Toscane «.

Après que chacun eut raisonné & repliqué à
son tour , l'on conclut de demeurer encore quel-
que-tems , pour voir quel effet produiroit le traité
fait entre Piccinino & les Malatesti ; si les Florentins pouvoient encore se servir de Pierre des
Ursins ; & si le pape entroit franchement dans
les intérêts de la ligue , comme il l'avoit promis.
Après cette résolution , on apprit en peu de
jours , que les Malatesti étoient entrés dans ce
traité , plus par crainte , que par mauvaise intention ; que des Ursins étoit allé vers la Toscane avec ses troupes ; & que le pape étoit mieux
intentionné que jamais pour la ligue.

Ces nouvelles confirmerent le comte à demeurer en Lombardie ; & Caponi retourna à Florence
avec mille hommes de leur cavalerie & cinq cens
de celle des autres , aux conditions que si Sforce

étoit absolument nécessaire en Toscane, il par-
tiroit au premier avis, sans délibérer davantage.
Caponi arriva donc en avril à Florence avec
cette cavalerie, & le même jour il se joignit à
des Ursins.

Cependant Piccinino ayant mis ordre aux affaires de la Romagne, avoit dessein de passer en
Toscane ; & comme il voulut passer par les Alpes
de Saint Benoît & par la vallée de Montone, il
trouva ces passages si bien défendus par la valeur
de Nicolas de Pise, qu'il vit bien que tous ses
efforts seroient inutiles de ce côté-là. Or, parce
que, dans une si prompte attaque, les Florentins étoient fort mal pourvus de soldats & d'Officiers, ils avoient envoyé aux passages de ces
montagnes plusieurs de leurs citoyens avec de
l'infanterie levée à la hâte. Le chevalier Orlandini se trouvant avec eux, on lui confia la
garde du château de Marradi & le passage des
Alpes de ce côté-là. Piccinino n'ayant pas cru
pouvoir forcer le passage de Saint Benoît, à
cause de la valeur de celui qui le gardoit, il
jugea qu'il viendroit plus facilement à bout de
Marradi, à cause de la poltronnerie de son
gouverneur. Marradi est un château situé au
pied des Alpes, qui sépare la Romagne de la
Toscane ; mais du côté qui regarde la Romagne,

&

& au commencement du val de Lamona, il
est fort, à cause de la riviere, des montagnes,
& du grand nombre d'habitans, quoique d'ailleurs il soit sans murailles : car les gens du lieu
sont aguerris & fideles, & la riviere a tellement
mangé le terrein, & creusé dessous si profon-
dément, que le poste est inaccessible du côté
de la vallée, pourvu qu'on garde un petit pont
qui y est ; & du côté des montagnes, les rochers
sont si escarpés, que cette situation est très-
assurée.

Cependant la lâcheté du chevalier rendit les
gens sans courage, & le lieu sans défense ; car
dès qu'il entendit le bruit des ennemis, il abandonna tout, & s'enfuit avec tout son monde sans
s'arréter, si ce n'est lorsqu'il fut arrivé au bourg
Saint Laurent. Piccinino prit possession du poste
abandonné, étant rempli de surprise de ce qu'on
ne l'avoit pas défendu, & de joie d'en étre le
maître. Il descendit dans le val Mugello, où il
prit quelques châteaux, & fit camper son armée
à Puliciano, d'où il faisoit des courses sur tout
le pays, jusqu'aux montagnes de Fiesole. Il fut
méme si hardi, qu'il passa l'Arne, & vint piller
& ravager jusqu'à une bonne lieue de Florence.

Les Florentins, d'autre côté, sans s'étonner,
commencerent à s'affermir dans le gouvernement,

sur quoi ils n'avoient rien à appréhender, à cause de l'amour du peuple pour Cosme de Médicis, & à cause qu'ils avoient mis les premieres charges entre les mains d'un petit nombre des citoyens les puissans, qui assuroient les choses par une grande sévérité, s'ils voyoient ce peuple dans la plus légere disposition d'entreprendre quelque nouveauté. Ils savoient d'ailleurs combien Caponi devoit amener de secours en Lombardie, par le traité qu'il y avoit fait ; & ils attendoient les troupes du pape. Ces espérances les soutinrent jusqu'à la venue de Caponi : mais ayant trouvé la ville qui commençoit à s'effrayer & à se troubler, il résolut de sortir de campagne, pour arrêter un peu les courses & les saccagemens de Piccinino ; & ayant fait un corps de beaucoup de fantassins, pris du nombre des habitans, avec la cavalerie qu'il avoit, il sortit & reprit Rémole que les ennemis tenoient ; & s'y étant campé, il les empêcha de faire des courses, & donna de grandes espérances aux citoyens de chasser leur ennemi d'auprès d'eux.

Piccinino voyant que les Florentins n'avoient fait aucun mouvement lorsqu'ils étoient sans troupes, & ayant appris la grande tranquillité qui étoit dans la ville, il crut qu'il perdoit-là son tems, & résolut de faire d'autres entreprises, afin que les Florentins fussent obligés d'envoyer leurs troupes après lui ; & qu'il pût trouver l'occasion de leur livrer bataille ; car il espéroit qu'en la gagnant, tout le reste iroit comme il le souhaitoit. Dans l'armée de Piccinino il y avoit le comte de Poppi, qui, voyant les ennemis dans le val de Mugello, avoit quitté le parti des Florentins, avec qui il étoit ligué. Comme ils avoient appréhendé la chose dès le commencement, ils résolurent de l'attacher davantage à leurs intérêts, en lui augmentant sa pension, & en le faisant leur commissaire sur toutes les places de son voisinage. Néanmoins l'amour de parti a tant de pouvoir sur l'esprit des hommes, qu'il n'y eut ni bienfaits ni crainte qui pussent faire oublier à ce comte l'amitié qu'il avoit pour Albizi & pour ceux qui gouvernoient autrefois avec lui ; desorte que, dès qu'il sut les approches de Piccinino, il se joignit à lui, & le conseilloit avec de grandes instances de s'éloigner de la ville, & de passer dans le Casentin, lui faisant voir la force de ce pays, & comment il pouvoit de-là tenir les ennemis à l'étroit.

Piccinino suivit cet avis ; & étant arrivé dans le Casentin, il prit Romene & Bibiene, puis il assiégea le château de Saint-Nicolas. Ce château est situé au pied des Alpes qui séparent le Ca-

sentin du val d'Arne ; & comme la place est
élevée , & qu'elle avoit une forte garnison , le
siége fut difficile, quoique Piccinino la battît
avec toute sorte d'artillerie. Il y avoit déjà vingt
jours que ce siége duroit , & pendant ce tems-
là les Florentins avoient rassemblé toutes leurs
troupes , ayant déjà trois mille chevaux à Feg-
guine , dont des Ursins étoit général , & Caponi & Bernard de Médicis , commissaires (1).
Les gens du château assiégé leur avoient envoyé
quatre députés leur demander du secours. Après
que les commissaires eurent reconnu le terrein ,
ils jugerent qu'ils ne pouvoient leur en envoyer
que par les Alpes qui viennent du val d'Arne ,
dont l'ennemi pouvoit occuper les hauteurs avant
qu'on y pût arriver, parce qu'il avoit moins de
chemin à faire , & qu'il étoit impossible d'y aller
sans qu'il s'en apperçût. C'étoit donc tenter une
chose qui ne pouvoit réussir, & qui pouvoit
perdre leurs troupes. Les commissaires, là-dessus,
ayant donné des louanges aux habitans du château sur leur fidélité , leur ordonnerent de se
rendre quand ils ne pourroient plus tenir.

---

(1) C'est le terme de l'auteur , qui revient à-peu-près
à celui de lieutenant-général et d'intendant tout ensemble
de l'armée.

Piccinino prit donc la place après vingt-deux jours de siége ; & ayant perdu tant de tems par une si petite conquéte, cela fut la principale cause que son dessein ne lui réussit pas, parce que, s'il eût toujours tenu ses troupes auprès de Florence, il eut obligé les magistrats à ne pas presser le peuple de payer de gros impôts ; & ayant l'ennemi si près, ils ne pouvoient pas ramasser leurs troupes si aisémert, ni faire tous leurs préparatifs comme lorsqu'il se fut éloigné : même bien des citoyens auroient eu dessein négocier quelqu'accord avec Piccinino, afin de s'assurer de lui par un traité, voyant que la guerre alloit tirer de longue. Mais la passion que le comte de Poppi avoit de se venger des habi-tans de cette place-là, qui avoient long-tems été ses ennemis, lui fit donner ce conseil ; & Picci-nino le prit pour le contenter ; mais il fut cause de la ruine de l'un & de l'autre : car il arrive rarement que la passion particuliere ne porte pas préjudice au bien général.

Piccinino, poussant plus loin ses conquétes, prit Rassina & Quiousi. Le comte lui conseil-loit de se loger-là, lui faisant voir qu'il pouvoit étendre ses troupes entre Quiousi, la Pive & Caprese, & qu'il étoit par-là maître des Alpes, pouvant aisément descendre dans le Casentin,

dans le val d'Arne, dans le val di Quiana, &
dans le val du Tibre, & être sur les ennemis au
premier mouvement qu'ils feroient. Mais Piccinino, voyant l'âpreté du pays, lui répondit,
qu'il ne nourrissoit pas ses chevaux de pierres,
& marcha vers Borgo San Sepolcro, où il fut
fort bien reçu. De-là il sonda les habitans de
Città di Castello ; mais ils n'écouterent point
ses propositions, étant alliés des Florentins. Et
comme il vouloit avoir la ville de Pérouse à sa
dévotion, il s'y en alla avec quarante chevaux,
& il y fut reçu avec des marques d'amitié parce
qu'il étoit un de leurs citoyens. Mais, en peu
de tems, il leur devint suspect ; & quelque chose
qu'il voulût traiter avec eux, il ne vint à bout
d'aucune : desorte qu'après avoir reçu d'eux huit
mille ducats, il s'en retourna à son armée.

Après cette petite expédition, il forma une
intelligence dans Cortone, pour l'enlever aux
Florentins ; mais étant découverte avant que le
tems pris pour l'exécution fût échu, ses desseins
échouerent. Barthelemi de Senso étoit un des
premiers citoyens de la ville ; & comme il alloit
un soir, par l'ordre du gouverneur, garder une
des portes, il fut averti par un de ses amis de
n'y pas aller, s'il ne vouloit pas être tué. Senso
voulut savoir la chose à fond, & il découvri

toute la trame qui se négocioit avec Piccinino ; desorte qu'il la découvrit par ordre au gouverneur, qui s'étant assuré des chefs de la conjuration, & ayant redoublé les gardes, il attendit que Piccinino vint selon que l'accord avoit été fait. Mais étant venu en effet la nuit, & ayant vu que la mine étoit éventée, il retourna à son camp.

Pendant que tout cela se passoit en Toscane sans grands succès pour les troupes du duc de Milan, il n'étoit pas non plus en repos dans la Lombardie, mais à son préjudice ; car le tems permit que le comte Sforce se mit en campagne avec son armée. Or, parce que les Vénitiens avoient redoublé leur flotte, le comte voulut, avant toute chose, qu'on se rendît maître de toutes les places qui étoient sur le lac, parce qu'en chassant le duc de là, on jugeoit tout le reste facile. Il attaqua donc les gens de ce prince avec les galeres des Vénitiens, & les battit, & prit tous les châteaux qu'il tenoit auprès du lac ; desorte que l'armée qui assiégeoit Bresce, ayant appris toutes ces fâcheuses nouvelles, leva le siége après l'avoir continué trois ans.

Après cette victoire, le comte marcha vers les ennemis, qui s'étoient retirés à Soncino, château

situé sur la riviere d'Oglio, & il les en délogea,
les obligeant de se retirer à Crémone, où le duc
fit téte, gardant ses terres de ce côté-là. Mais
comme le comte le serroit tous les jours de plus
près, & qu'il appréhendoit de perdre la plus
grande partie de ses Etats, il s'apperçut de la
faute qu'il avoit faite d'envoyer Piccinino en
Toscane ; & afin de la réparer, il lui écrivit,
*qu'en quelqu'état qu'il se trouvât, & quelques
avancées que fussent ses entreprises, il revint incessamment, & en grande diligence, en Lombardie.*

Cependant les Florentins, par le moyen de
leurs commissaires, avoient joint leurs troupes
à celles du pape, & avoient fait halte à Anguiari,
château situé au pied des montagnes qui séparent
le val du Tibre du val di Quiana, & qui est
éloigné de Borgo San Sepolcro environ quatre
milles (1). Le pays est uni, & la campagne propre pour les chevaux, & pour faire la guerre ;
& comme ils savoient les avantages que rem-
portoit le comte Sforce, & le rappel de Piccinino, ils crurent qu'ils sortiroient victorieux de

______

(1) C'est à-peu-près deux lieues de Paris.

cette guerre sans tirer l'épée. Ceux donc qui dirigeoient les affaires de la guerre écrivirent aux chefs *qu'ils se donnassent bien de garde d'en venir aux mains, parce-que Piccinino seroit obligé de quitter la Toscane dans peu de jours.*

Cet ordre vint à sa connoissance ; & voyant la nécessité où il étoit de partir, afin de tenter toutes choses, il résolut de livrer bataille, espérant de surprendre l'ennemi à dépourvu, parce qu'il savoit que son dessein n'étoit pas de se battre. Albizi, le comte de Poppi, & les exilés de Florence, fortifioient Piccinino dans cette pensée, parce qu'ils se voyoient manifestement perdus s'il s'en alloit ; mais si l'on donnoit combat, ils espéroient le gagner, ou au moins le perdre avec honneur. La résolution étant donc prise de combattre, l'on fit partir l'armée de son poste, & marcher entre Città Castello & Borgo, où étant arrivée sans que les ennemis s'en apperçussent, l'on tira de ce lieu deux mille hommes, qui, se fiant sur la valeur du général, & ayant envie de piller, le suivirent. Piccinino marchant donc vers Anguiari avec son armée en ordre de bataille, il n'étoit pas à deux milles des Florentins, que Michelet Attendulo apperçut une grosse poussiere ; & ayant vu que c'étoit les ennemis, il cria aux armes. Le désordre fut grand dans le camp ; car, comme ces sortes d'armées campent d'ordinaire sans aucune regle de discipline militaire, l'on avoit ajouté à ce défaut une grande négligence, parce que l'on s'imaginoit que l'ennemi fût éloigné, & plus disposé à la fuite qu'au combat ; desorte que tous les soldats étoient sans armes, éloignés de leurs quartiers, & dans les lieux que la fraîcheur & le plaisir leur avoit fait rechercher. Cependant la diligence du général & des commissaires fut si grande, que tout étoit à cheval, & en état de soutenir le choc avant que l'ennemi fût arrivé.

Comme donc Attendulo fut le premier qui découvrit l'ennemi, il alla aussi le premier à sa rencontré, & il courut avec ses gens sur le pont de la riviere qui coupe le chemin en travers proche d'Anguiari. Des Ursins avoit fait combler les fossés qui étoient de côté & d'autre du chemin qui va depuis le pont jusqu'à Anguiari, devant que Piccinino fût arrivé ; & Attendulo se posta à l'opposite du pont. Simoncino, chef des troupes du pape, & le légat, prirent le terrein à droite, & Des Ursins avec les commissaires Florentins, prirent celui qui est à gauche, plaçant leur infanterie sur les bords de la riviere à droite & à gauche. Les ennemis n'avoient donc aucun moyen de pouvoir joindre les Florentins, par le passage du pont, & leur armée n'avoit aussi à combattre que là. Ils avoient néanmoins commandé à leurs gens de pied, que si l'infanterie des ennemis sortoit du chemin pour venir sur les flancs de leurs gendarmes, ils tirassent sur elle avec les arbalêtes, afin qu'elle ne pût pas donner sur leurs chevaux qui passeroient sur le pont.

Les premiers ennemis qui parurent furent soutenus vigoureusement par Attendulo, & repoussés de même; mais Astorre & François Piccinino (1), survenant avec des gens choisis, ils donnerent sur lui avec une telle furie, qu'ils prirent le pont, & le pousserent jusqu'au commencement de la montée qui va à Anguiari; d'où ils furent repoussés à leur tour, & chassés au-delà du pont par des gens qui les prirent en flanc. Ce combat dura deux heures, pendant lesquelles, tantôt Piccinino, tantôt les Florentins, étoient maîtres du pont; & quoique le combat fût égal sur ce pont, cependant, & en deçà, & en delà, Piccinino

----

(1) C'est le fils du Général.

avoit un grand désavantage, parce que, quand ses gens le passoient, ils trouvoient leurs ennemis en gros corps, & qui pouvoient aisément agir, à cause qu'on avoit esplanadé le terrein en abattant les fossés; desorte qu'il étoit aisé de rafraîchir ceux qui commençoient à se lasser, en mettant à leur place des gens qui n'avoient point encore combattu. Mais lorsque les troupes Florentines passoient de l'autre côté, ce n'étoit pas la même chose, parce qu'il étoit difficile à Piccinino de rafraîchir ses gens, à cause des fossés & des douves qui les resserroient, & qui barroient le chemin : & cela parut bien par l'expérience ; car Piccinino emporta bien des fois le pont, mais ses gens furent toujours repoussés par leurs ennemis, à qui il étoit aisé de se rafraîchir. Mais quand les Florentins eurent pris ls pont, & qu'ils furrent entrés dans le chemin, Piccinino n'étant pas à tems pour rafraîchir ses gens, à cause de la furie des attaquans & de l'incommodité du terrein, ceux de devant, tombant sur les autres, & se mêlant avec eux, y apporterent la confusion ; ensorte que l'armée fut obligée de tourner le dos, & chacun s'enfuit en désordre vers le Borgo. Les Florentins s'attacherent au pillage, qui fut fort grand en prisonniers, équipages, & chevaux; car il ne s'en sauva pas mille avec Piccinino. Les habitans de Borgo, qui s'étoient joints à ce général, dans l'espérance de piller, furent eux-mêmes la proie de leurs ennemis; car ils furent tous faits prisonniers & mis à rançon; l'on prit tous les drapeaux, les charrois, & les fourgons.

Cette victoire fut bien plus avantageuse pour la Toscane, que préjudiciable au duc de Milan, parce que, si les Florentins eussent perdu la bataille, ce prince devenoit maître de toute cette province. Mais lui, étant vaincu, ne perdoit rien que les armes & les chevaux de son armée, dont on peut se remonter avec peu de dépense ; car jamais on n'a vu des tems où la guerre fut moins dangereuse pour ceux qui la faisoient chez les autres; & dans une si grande déroute, & dans un combat qui dura si long-tems, puisque l'on se battit depuis *vingt heures jusqu'à vingt-quatre* (1), il ne mourut qu'un seul homme, encore mourut-il par une chûte de cheval & non pas par ses blessures, ou par quelque coup d'honneur. Les gens se battoient donc alors sans péril,

______

(1) Dans les grands jours cela signifie, selon notre manière de compter, depuis 4 heures du soir jusqu'à 8 ou environ.

parce qu'étant tous à cheval, & couverts de
bonnes armes défensives, lorsqu'ils se rendoient,
il n'y avoit pas lieu de les faire mourir : ainsi,
dans la mélée, ils étoient à couvert de la mort
par leurs armes ; & lorsqu'ils étoient las de combattre, ils sauvoient aussi leur vie en se rendant à l'ennemi.

Cette bataille est un grand exemple de la pauvre maniere de faire la guerre en ces tems-là,
tant par ce qui arrive dans la mélée que dans
les suites : car l'ennemi étant vaincu, &
s'étant renfermé dans Borgo, les commissaires
vouloient le poursuivre, & l'y assiéger, pour
remporter une victoire complette ; mais il n'y
eut ni officier, ni soldat, qui voulussent y
consentir, disant *qu'ils vouloient mettre leur butin
en lieu de sureté, & pancer les blessés.* Mais
ce qu'il y a de plus remarquable, c'est que le
lendemain, en plein midi, & sans demander
aucun congé, ni au général, ni aux commissaires,
ils allerent à Arezzo, où ayant mis leur butin
ils revinrent à Anguiari. C'est - là une chose
tellement contre toutes les regles de la discipline, que les moindres restes d'une armée
battue, qui auroient eu quelque conduite, auroit
avec raison arraché la victoire à de telles gens,

qui l'avoient gagnée si injustement. Outre cela,
les commissaires vouloient qu'il gardassent les
prisonniers, afin d'ôter l'occasion à l'ennemi de
se mettre en état; mais il leur donnerent la liberté
malgré leurs commandans. Tout cela fait regarder
avec étonnement, qu'une armée, composée de
telles gens, puisse gagner une bataille, & qu'il
s'en puisse rencontrer une assez foible, & assez
lâche pour se laisser battre par eux.

Pendant que les soldats Florentins allerent à
Arezzo, Piccininio eut le tems de partir de
Borgo avec ses gens, prenant sa marche vers la
Romagne. Les exilés de Florence se retirerent
aussi avec lui. Ces malheureux voyant toute
espérance perdue de retourner dans leur patrie,
ils se partagerent en plusieurs endroits de l'Italie
& ailleurs, selon la commodité de chacun. Albizi
alla demeurer à Anconne, où ayant fait le dessein d'acquérir une patrie céleste, puisqu'il avoit
perdu celle de la terre, il fit le voyage de la
terre sainte; & à son retour il mourut à table,
étant aux nôces d'une de ses filles, la fortune
lui ayant été favorable, au moins en cela, que
de permettre qu'il mourût dans le jour le moins
malheureux de son exil. C'étoit véritablement
un homme fort estimé dans toutes sortes de con-

ditions ; mais il l'auroit été encore davantage, si sa destinée l'avoit fait naître dans un Etat bien uni ; parce que dans un pays en division, plusieurs de ces belles qualités, qui lui faisoient tort, lui auroient été fort avantageuses au milieu de la paix & de la bonne intelligence des citoyens.

Quand les soldats du camp des Florentins eurent fait leur voyage d'Arezzo, & que Piccinino fut parti, les commissaires se présenterent devant Borgo. Les habitans vouloient se rendre aux Florentins, & ceux-ci ne vouloient pas les recevoir ; mais dans ce traité, le légat du pape soupçonna les commissaires de vouloir prendre cette place sur l'église ; desorte qu'ils en vinrent aux grosses paroles, & on en seroit venu aux mains entre les troupes de l'église et les Florentins, si le pour-parler eût duré long-temps : mais comme il se termina au contentement du légat, tout se pacifia.

Pendant l'affaire de Borgo, il vint un bruit, que Piccinino étoit allé vers Rome ; d'autres disoient qu'il étoit allé dans la Marche. Cela fit prendre la résolutiou au légat & aux troupes de Sforce de marcher vers Pérouse, pour secourir, ou la Marche, ou Rome, en cas que Piccinino

nino y fut allé; & Bernard de Médicis alla avec eux, pendant que Caponi & les troupes florentines allerent à la conquête du Casentin. Sans donc perdre de tems, Caponi alla à Rassina, qu'il prit avec Bibiene, Prato Vecquio, & Romene. De-là il alla assiéger Poppi, le serrant par deux endroits; l'un par dedans la plaine de Certomondo; l'autre de dessus la colline qui tire du côté de Fronzoli.

Le comte se voyant abandonné de Dieu & des hommes, s'étoit renfermé dans Poppi, non qu'il y espérât aucun secours; mais afin de faire son traité moins mauvais. Comme donc Caponi le pressoit fort, il demanda à capituler, & on lui accorda ce qu'il pouvoit espérer dans une telle conjoncture, qui étoit de se sauver, lui, sa femme & ses enfans, avec tout ce qu'il pourroit emporter, en cédant la place & son Etat aux Florentins. Pendant le traité, ce pauvre comte descendit sur le pont d'Arne, qui passe au pied de la place; & tout rempli de douleur & d'amertume, il dit à Caponi : « Si j'avois » bien examiné mes forces & la puissance de » la république, je serois encore de vos amis » & en état de me réjouir avec vous de vos » glorieux succès, & je ne serois pas devenu » un de vos malheureux ennemis, réduit à vous

» supplier de rendre ma ruine & ma destinée
» moins insuppotables. Mais la fortune qui vous
» comble de joie & d'honneur, m'abbat de mi-
» sere & d'affliction. Je me suis vu dans mon
» pouvoir, des chevaux, des armes, des sujets,
» des Etats & des trésors : est-il étonnant que je
» m'en voie dépouiller avec peine ? Mais puis-
» que vous étes en état, & dans le dessein de
» soumettre toute la Toscane, il faut bien que
» nous vous obéissions. Cependant, si je n'avois
» point fait une si grande faute, ma mauvaise
» fortune n'auroit pu m'accabler, & vous ne
» seriez pas en état de faire éclater votre
» générosité ; car si vous avez la bonté de me
» laisser posséder mon bien, vous donnerez au
» monde une marque éternelle de votre clé-
» mence. Que votre compassion surmonte donc
» la grandeur de mon imprudence, & laissez au
» moins ce seul château à la postérité de ceux,
» dont vos ancétres ont reçu une infinité de
» bienfaits ».

Caponi lui répondit, « que la trop grande
» espérance, qu'il avoit fondée sur des gens qui
» avoient trop peu de pouvoir, lui avoit fait
» faire une faute contre la république, qui
» jointe à la conjoncture du tems, le réduisoit
» à la nécessité de céder tout ce qui lui ap-

» partenoit, & d'abandonner des lieux, étant
» devenu l'ennemi des Florentins, qu'il n'avoit
» pas voulu conserver en demeurant dans leur
» alliance, parce qu'il avoit bien fait voir par sa
» derniere conduite, qu'on ne pouvoit pas les
» laisser dans son pouvoir, puisqu'ils le met-
» troient en état, au moindre changement de
» fortune, de nuire à la république, qui n'avoit
» à craindre que de ses places, & non pas de
» sa personne : mais que s'il pouvoit devenir
» prince en Allemagne, les Florentins le souhai-
» teroient fort, & le favoriseroient pour l'amour
» de ses ancêtres qu'il venoit d'alléguer «.

Le comte outré de colere, répondit à ce discours, *qu'il voudroit voir les Florentins encore plus loin de lui.* Sans donc continuer davantage un discours humilié & tendre, & ne pouvant pas mieux faire, il céda la place avec tous ses droits; & emmenant ses meubles, sa femme & ses enfans, fondans en larmes, il se retira avec la douleur de perdre un Etat, qui avoit été quatre cens ans dans sa maison.

Quand les nouvelles de tous ces avantages furent arrivées à Florence, elles remplirent d'une joie étonnante le peuple & les magistrats : & parce que Bernard de Médicis vit que c'étoit sans raison qu'on avoit fait courir le bruit que

Piccinino étoit allé du côté de Rome ou de la Marche, il vint rejoindre Caponi ; & étant retournés ensemble à Florence, il fut ordonné de leur faire tous les honneurs que les réglemens de la république pouvoient accorder à des citoyens victorieux. Ils furent donc reçus comme en triomphe par la seigneurie, par les capitaines des quartiers, & ensuite par toute la ville.

Fin du cinquieme Livre.

HISTOIRE
DE
FLORENCE.

LIVRE SIXIEME.

L'INTENTION de tous ceux qui ont entrepris de faire la guerre a toujours été de s'enrichir, & d'appauvrir l'ennemi : car on n'a point d'autre raison de courir après la victoire, que celle de se rendre puissant & son ennemi foible. Par conséquent, lorsque la victoire vous épuise, ou que les conquêtes vous affoiblissent, vous passez les bornes, ou vous n'êtes pas dans les termes que prescrivent les motifs de la guerre. Un Etat s'enrichit dans la victoire, lorsqu'après avoir défait entièrement l'ennemi il dispose de ses dépouilles & des contributions. Au contraire, ce même Etat ne remporte que des victoires ruineuses, lorsqu'il ne peut détruire son ennemi, & que ses troupes disposent des contributions & du butin sans qu'il y ait aucune part. Un tel prince donc est malheureux quand il a du désavantage ; mais il l'est encore plus, lorsqu'il est victorieux, parce qu'en perdant, il n'est maltraité que des ennemis : mais lorsqu'il gagne, il l'est par les siens mêmes ; ce qui est plus insupportable, parce qu'il n'est pas si juste, & que d'ailleurs cela l'oblige à charger ses sujets de nouveaux impôts, & par conséquent à les chagriner. Or, tout prince qui a quelque reste d'humanité, ne peut ressentir une véritable joie d'une victoire qui afflige tous ses sujets. Les républiques anciennes qui étoient bien gouvernées, lorsqu'elles étoient victorieuses, elles remplissoient leurs trésors d'or & d'argent ; elles faisoient des largesses, des jeux, & des fêtes publiques à leurs sujets, & leur remettoient des impôts. Mais les victoires des tems dont nous faisons l'histoire, premièrement épuisoient l'épargne ; ensuite ruinoient les peuples ; & cependant, elles ne les assuroient pas de leurs ennemis. Tous ces désordres ne naissoient que de la mauvaise maniere dont l'on faisoit ces guerres : car comme l'on se contentoit de dépouiller les ennemis sans les tuer, ni les retenir prisonniers, ils ne différoient à refaire la guerre à leur vainqueur, qu'autant de tems qu'il leur en falloit pour être remontés d'armes & de chevaux par ceux qui les avoient pris à leur solde. Les rançons & le butin étant encore abandonnés aux soldats, le prince ne pouvoit point s'en prévaloir dans les nouvelles levées : mais il falloit qu'il tirât des veines de ses sujets toutes ces nouvelles dépenses : & tout ce que produisoit la victoire à l'égard du peuple, c'est qu'elle rendoit son prince empressé, & moins équitable à le charger. Les soldats d'alors avoient mis la guerre sur un tel pied, que les vainqueurs & le vaincus avoient seulemeut besoin de trouver de nouvelles finances, s'ils vouloient être les maîtres de leurs troupes ; car il falloit remettre les soldats vaincus en équipage, & récompenser les vainqueurs : & comme les premiers ne pouvoient pas retourner à la guerre, sans être équipés de nouveau, les autres n'y vouloient point retourner, à moins qu'on ne leur donnât de nouvelles récompenses. Il arrivoit de-là, que l'un gagnoit peu dans la victoire, & que l'autre ne sentoit pas beaucoup sa perte ; car le vaincu avoit le tems de se rétablir, & le vainqueur n'avoit pas celui de pousser sa victoire. Cette

N 4

corruption & ce renversement de la discipline
militaire étoient cause que Piccinino se trouvoit
en campagne à la tête d'une nouvelle armée,
devant qu'on sût par toute l'Italie qu'il avoit
été battu ; & il faisoit la guerre plus vigoureusement après sa défaite, qu'il ne l'avoit faite
auparavant. Ce fut par cette raison, qu'après
avoir été battu anprès de Bresce, il fut néanmoins en état de prendre Véronne : quaprès que
son armée eut été dissipée, lorsque Sforce lui
eut repris cette ville-là, il ne laissa pas de trouver le moyen d'en remettre sur pied une
assez puissante pour passer en Toscane, où
ayant été défait auprès d'Anguiari, devant qu'il
fût arrivé dans la Romagne, il se trouva plus
fort en campagne, qu'il n'étoit avant cette
perte : de sorte qu'il put rendre au duc Philippe
l'espérance de défendre la Lombardie, qu'il
avoit appréhendé de perdre, à cause de l'absence
de ce général, qui pendant qu'il remplissoit
la Toscane de troubles, son prince craignoit de
perdre ses Etats. Et comme il jugeoit que ce
malheur pourroit bien lui arriver devant le retour de Piccinino, qu'il avoit rappellé parce
qu'il n'avoit pas assez de force pour détourner
l'orage, il se tourna du côté de l'adresse & des
négociations, qui lui avoient si souvent réussi

en de pareilles conjonctures, & envoya Nicolas
d'Este, prince de Ferrare à Pesquiere, auprès
du comte Sforce, pour le porter à la paix, en
lui faisant voir, que ce n'étoit pas son intérêt
de continuer la guerre; car disoit-il, « si le
» duc de Milan fait de si grandes pertes, qu'il ne
» puisse plus conserver son crédit & sa réputa-
» tion, vous serez le premier à en souffrir, puis-
» que les Florentins & les Vénitiens, n'ayant plus
» de sujet de craindre, ne feront plus de cas de
» vous. Et pour vous assurer que le duc souhaite
» effectivement la paix, il vous offre la conclu-
» sion de votre mariage avec sa fille, qu'il
» enverra à Ferrare ; & si-tôt que le traité
» sera conclu, je vous la remettrai entre les
» mains «.

Le comte répondit, « que si le duc recher-
» choit la paix tout de bon, il la trouveroit
» aisément, puisque les Vénitiens & les Floren-
» tins la souhaitoient : qu'il est vrai qu'on avoit
» peine à se confier à la parole qu'il en don-
» noit à présent, parce qu'on savoit bien qu'il
» ne l'avoit jamais recherchée que de la néces-
» sité, qui dès qu'elle est passée, l'envie le
» reprend aussi-tôt de recommencer la guerre :
» qu'il ne pouvoit pas non plus ajouter foi à
» la promesse qu'il lui faisoit, de conclure enfin

» son mariage avec sa fille , puisqu'il l'avoit
» tant de fois trompé là-dessus : que néanmoins
» la paix étant faite , il se remettoit pour cette
» affaire entre les mains de ses amis «.

Les Vénitiens qui soupçonnent même sans fondement, les gens qu'ils ont à leur solde, prirent avec raison un grand ombrage de ces négociations ; & le comte, voulant l'ôter de leur esprit, continuoit la guerre avec vigueur. Cependant le courage de l'un étant ramolli par des pensées d'ambition , & celui des Vénitiens étant refroidi par les soupçons qu'ils avoient de Sforce, il se fit fort peu de choses tout le reste de la campagne. Ainsi Piccinino étant revenu en Lombardie , & l'hiver étant déjà commencé , toutes les armées retournerent dans leurs quartiers ; le comte vint à Véronne ; le duc à Crémone ; les troupes florentines en Toscane ; & celles du pape dans la Romagne. Ces dernieres, après la victoire remportée auprès d'Anguiari , attaquerent Fourli & Boulogne, pour les tirer des mains de François Piccinino, qui les gouvernoit au nom de son pere : mais ce dessein ne leur réussit pas, parce que ce gouverneur se défendit courageusement. Néanmoins ces armées donnerent tellement l'épouvante aux habitans de Ravenne, qui appréhendoient de retomber sous

le pouvoir de l'église , que du consentement
d'Ostasio de Polente leur souverain, ils se donnerent aux Vénitiens , qui pour récompenser ce
prince du don qu'il leur avoit fait de son Etat ,
l'envoyerent avec son fils finir ses jours en Can-
die , afin qu'il ne lui reprît jamais l'envie de
regagner par la force ce qu'il leur avoit donné
par une si grande imprudence. Dans toutes ces
différentes entreprises , nonobstant la bataille
gagnée auprès d'Anguiari , l'argent vint à manquer au pape ; desorte qu'il vendit aux Florentins le Borgo San Sepolcro pour la somme de
vingt-cinq mille ducats.

Comme toutes les affaires étoient dans cette
disposition , & que la venue de l'hiver sembloit
mettre tout le monde à couvert de la guerre ,
chacun ne pensoit plus à la paix ; particulière-
ment le duc de Milan , parce qu'il se trouvoit
assuré par la saison & par le retour de Piccinino : desorte qu'il avoit rompu toutes ses négociations avec le comte , & employoit une diligence extréme à remettre son général sur le bon
pied , & à faire tous les préparatifs nécessaires
pour une guerre prochaine. Sforce , s'en étant
apperçu, alla à Venise pour aviser avec le Sénat
à ce qu'ils auroient à faire pour la campagne
suivante.

D'autre côté, Piccinino se trouvant en fort bon état, & voyant que l'ennemi étoit en désordre, il n'attendit pas le retour du printems, & dans le plus rude tems de l'hiver il passa l'Adda, & entra dans le territoire de Bresce, s'emparant de tous les pays, à réserve d'Adula & d'Acri, & prit plus de deux mille chevaux des troupes de Sforce, qui ne s'attendoient pas à cette expédition. Mais ce qui fâcha le plus le comte, & qui étonna les Vénitiens davantage, fut que Ciarpellon, un des premiers officiers de son armée, prit parti contre lui. Sforce, ayant appris ces méchantes nouvelles, partit aussi-tôt de Venise & vint à Bresce, où il vit qu'après ces exécutions militaires, Piccinino étoit retourné dans ses quartiers : ainsi trouvant la guerre éteinte, il ne jugea pas à propos de la rallumer ; mais il se remit en état, puisque l'ennemi lui en donnoit le tems & la commodité, afin qu'au retour de la belle saison il pût se venger des veilles insultes reçues. Il conseilla donc aux Vénitiens de rappeller toutes leurs troupes qui servoient en Toscane, & souhaitta qu'ils prissent à leur solde Michelet Attendulo, en la place de Gattamelata, qui étoit mort.

Quand le printems fut venu, Piccinino se trouva le premier en campagne, & assiégea

Cignano, qui est un château distant de douze milles de Bresce ; & Sforce vint pour le secourir : ainsi ces deux généraux se faisoient la guerre l'un à l'autre, selon leur méthode ordinaire. Mais le comte, appréhendant pour Bergame, alla assiéger Martinengue, qui est un château dans une telle situation, que lorsqu'on en est maître, l'on peut aisément secourir cette ville-là. Piccinino l'endommageoit extrêmement, parce qu'ayant prévu que l'ennemi ne pouvoit le troubler dans son sein, que par la voie de ce château de Martinengue, il l'avoit pourvu de tout ce qu'il falloit pour le bien défendre ; ensorte que le comte fut obligé de l'attaquer avec toutes ses forces. Mais Piccinino se posta avec toute son armée dans des lieux par où il empêchoit la conduite des vivres destinés pour l'armée de Sforce, qui de son côté, n'osoit pas l'attaquer, parce qu'il s'étoit retranché & fortifié de maniere, qu'il n'eût pu le faire sans un danger manifeste. Ainsi, la chose en vint-là, que le comte qui assiégeoit, étoit en plus grand risque, que les gens qui étoient assiégés dans le château : desorte que le manque de convoi ôtoit à Sforce les moyens de continuer le siége, & il ne pouvoit le lever sans s'exposer extrêmement ; ce qui promettoit une victoire manifeste au duc de Milan & une ruine entiere aux Vénitiens & au comte.

Mais la fortune qui ne manque jamais de moyens pour secourir ceux qu'elle favorise, & pour traverser ceux à qui elle est contraire, fit naître dans l'esprit de Piccinino tant d'insolence & tant d'orgueil, à cause de l'espérance qu'il avoit d'une victoire si considérable, que s'oubliant soi-même, & perdant le respect dû à son prince, il lui envoya dire, « qu'ayant été si long-
» tems à son service, sans y avoir acquis assez
» de terre pour pouvoir y être enterré, il vou-
» loit savoir de lui quelle récompense il pouvoit
» espérer de tous ces travaux, puisqu'il se trou-
» voit en état de le rendre souverain de toute
» la Lombardie, & de lui remettre tous ses
» ennemis entre les mains : & comme il jugeoit
» qu'une victoire assurée devoit produire une
» récompense assurée, il souhaitoit qu'il lui
» accordât la ville de Plaisance, afin qu'étant
» lassé d'avoir fait si long-tems la guerre, il pût
» enfin se reposer quelque jour «. Il fut même assez effronté pour menacer le duc d'abandonner tout là, s'il ne lui accordoit sa demande.

Cette maniere insolente de demander les choses outra tellement ce prince, qu'il aima mieux s'exposer à manquer une si belle occasion, que d'accorder ce qu'on lui demandoit. Ainsi après avoir été inflexible à toutes les menaces de ses ennemis, & à tous les dangers qu'il avoit couru, il se rendit enfin traitable à cause de l'insolence de ses amis. C'est ce qui le fit résoudre de s'accorder avec le comte, à qui il envoya Antoine de Tortône, avec les offres de sa fille en mariage & les conditions de la paix. Le tout fut accepté avec empressement par le comte de Sforce & par tous les confédérés. Ayant donc réglé & arrêté le traité en secret, le duc envoya l'ordre à Piccinino de faire une trêve d'un an avec le comte, lui marquant, *qu'il étoit si las de faire de si grandes dépenses, qu'il aimoit mieux une paix assurée, qu'une victoire incertaine.*

Piccinino tomba des nues à une telle nouvelle, ne pouvant pas comprendre quel motif pouvoit obliger le duc à laisser échapper une si grande victoire ; parce qu'il ne pouvoit pas se figurer qu'on pût sauver ses ennemis pour ne pas récompenser ses serviteurs. Ainsi il s'opposoit le plus qu'il pouvoit à une telle résolution, ensorte que le duc, pour le faire consentir à obéir, fut obligé de le menacer de l'abandonner à ses soldats & à ses ennemis, en cas d'un plus long refus. Il obéit donc par force, se plaignant de ses malheurs, puisque tantôt sa mauvaise fortune, tantôt son maître même, lui arrachoient la victoire de ses ennemis.

La trêve étant conclue, l'on fit le mariage de madame Blanche avec le comte de Sforce, & le duc de Milan remit entre les mains du comte la ville de Crémone pour dot. Après ce mariage, la paix fut conclue au mois de novembre mille quatre cent quarante-un. Les plénipotentiaires de la part des Vénitiens étoient François Barbadico, & Pagolo Trono, & Agnolo Acciaiolo le fut pour les Florentins. Par ce traité, les Vénitiens demeurerent maîtres de Pesquiere, d'Asola, & de Leonato, châteaux dépendans du marquisat de Mantouë.

Après que la paix fut conclue en Lombardie, la guerre ne laissoit pas de continuer dans le royaume de Naples; & ne pouvant pas se terminer, elle la ralluma encore en Lombardie. Le roi Réné d'Anjou avoit été dépouillé du royaume, excepté de la ville de Naples, ou Alfonse d'Arragon le tenoit assiégé, pendant que la guerre se faisoit en Lombardie : de sorte qu'Alfonse, croyant tenir la victoire entre ses mains, résolut pendant qu'il assiégeoit Naples, de dépouiller le comte de la ville de Benevent & de ses autres

terres

terres qu'il possédoit alors, parce qu'il espéroit
en venir à bout sans courir de risque, puisque le
comte étoit occupé à la guerre de Lombardie.
En effet Alfonse vint à bout de ses desseins,
& prit sans peine toutes ces places - là ; mais
ayant appris que la paix étoit faite en Lombardie, il craignit que le comte n'entrât dans le
parti de René, pour rentrer dans son bien :
& le roi René, pour la même raison, comptoit
sur le comte.

René envoya donc vers Sforce, pour le prier
de venir secourir un ami, & se venger en même-
tems d'un ennemi. D'autre côté Alfonse prioit
le duc de Milan, qu'en conséquence de leur
alliance il donnât tant d'affaires au comte, qu'il
lui fût impossible de penser à celles-là. Le duc
consentit à cette proposition, sans penser qu'il
troubloit une paix qu'il venoit de conclure si
désavantageusement pour lui. Il fit donc entendre au pape Eugene, qu'il étoit tems que sa
sainteté rentrât dans les places que le comte
avoit usurpées sur les terres de l'église ; & que
pour cet effet, il lui offroit Piccinino, qu'il
payeroit tant que la guerre dureroit : car après
la paix, ce général s'étoit retiré dans la Romagne avec ses troupes.

Tome V.   O

Le pape accepta cette offre avec avidité, à cause de la haine qu'il portoit au comte, & à cause de la passion qu'il avoit de rentrer dans son bien; & si par la même espérance, Piccinino l'avoit fait tomber autrefois dans le piége, il se flattoit qu'il n'y avoit à présent rien à craindre à cet égard, puisque le duc de Milan s'en méloit: desorte qu'ayant joint ses troupes avec celles de Piccinino, il attaqua la Marche d'Ancone. Le comte attaqué si à l'improviste, assembla ses gens, & alla contre son ennemi.

Cependant Alfonse prit Naples: ainsi tout le royaume, à la réserve seulement de Castel nuovo, tomba entre ses mains. René, après avoir laissé une bonne garnison dans cette place, vint à Florence, où il fut reçu avec tous les honneurs possibles; mais après quelque séjour, n'espérant pas de pouvoir soutenir la guerre, il s'en retourna à Marseille.

Pendant toutes ces menées, Alfonse se rendit maître de Castel nuovo, & le comte ne pouvoit pas tenir dans la Marche contre le pape & Piccinino. Il eut donc recours aux Vénitiens & aux Florentins pour en avoir du secours, leur faisant entendre, que si pendant qu'il vivoit encore, il ne s'opposoient pas aux entreprises du pape & du roi de Naples, ils auroient après cela

assez d'affaires eux-mêmes, parce qu'ils ne man-
queroient pas de se liguer avec le duc de Milan,
& de partager l'Italie entr'eux.

Ces deux républiques furent un tems dans
l'incertitude quel parti elles devoient prendre,
tant parce qu'elles doutoient qu'il fût à propos
de rompre avec le pape & le roi de Naples,
que parce que les affaires de Boulogne les occu-
poient : car Annibal Bentivoglio avoit chassé de
cette ville-là François Piccinino ; & voulant s'y
maintenir nonobstant le duc de Milan, qui soutenoit Piccinino, il envoya demander du secours
aux Vénitiens & aux Florentins, qui ne lui en
avoient pas refusé. Etant donc occupés par
cette guerre, ils ne pouvoient se résoudre à
secourir le comte. Mais Bentivoglio ayant battu
François Piccinino, il leur sembla que ces affaires-là étoient terminées ; ainsi les Florentins résolurent de secourir le comte. Mais ils voulurent auparavant s'assurer du duc de Milan, &
ils renouvellerent l'alliance avec lui ; à quoi le
duc consentit volontiers, parce qu'ayant bien
voulu qu'on fît la guerre au comte, pendant que
le roi René avoit les armes à la main ; à présent qu'il étoit entierement dépouillé & chassé
du royaume, il ne trouvoit pas à propos que
le comte fût dépossédé de son bien : desorte

que non-seulement il consentit à le secourir ;
mais de plus il écrivit à Alfonse , *qu'il le prioit
de retourner chez lui , & de laisser le comte en
repos*. Et quoique ce roi eût peine à s'y résoudre ,
néanmoins à cause des obligations qu'il avoit
au duc ; il consentit de le satisfaire , & il se retira
avec ses gens au-delà du Trente.

Pendant que ces choses se passoient ainsi dans
la Romagne , les Florentins ne demeurerent pas
en repos entr'eux. Entre les citoyens le plus en
crédit dans le gouvernement , il y avoit Neri
dé Gino Caponi , dont la réputation donnoit
plus d'ombrage à Médicis , que tous les autres ;
car outre l'autorité qu'il avoit dans la ville , il
en avoit encore une grande sur les troupes ,
parce qu'ayant bien des fois commandé les armées de la république , sa valeur & son mérite
lui avoient gagné l'affection des soldats. De plus
le souvenir des victoires que lui & son pere
avoient remportées , l'un par la conquéte de Pise ,
& l'autre par la défaite de Piccinino auprès
d'Anguiari ; ce souvenir , dis-je , le faisoit aimer
de bien des gens , & craindre de ceux qui ne
vouloient point de compagnons dans le gouvernement.

Entre tous les chefs de l'armée florentine ,
Balduccio d'Anguiari étoit assurément un des

plus excellens capitaines, n'y en ayant point dans
toute l'Italie qui le surpassât en mérite, en bra-
voure, & en force : & comme il avoit toujours servi dans l'infanterie, il s'y étoit acquis
un si grand pouvoir, que tout le monde jugeoit
qu'il en disposeroit toujours, comme il lui plai-
roit, dans toutes les occasions. Cet officier étoit
intime ami de Caponi, parce qu'ayant toujours
été témoin de sa valeur, il avoit conçu bien
de l'amitié pour lui, à cause de son mérite ; &
cela donnoit beaucoup de jalousie aux autres
citoyens, qui jugeant qu'il étoit dangereux de
le laisser libre, & plus dangereux encore de l'arrêter, ils résolurent de s'en défaire ; & la fortune leur fut favorable dans ce dessein.

Barthelemi Orlandini étoit alors Gonfalonier
de justice. C'étoit celui-là même, qui ayant été
envoyé pour défendre le château de Marradi,
lorsque Piccinino passa en Toscane, s'enfuit si
honteusement, abandonna avec tant de lâcheté
un pays qui se défendoit presque de lui-même,
comme nous l'avons remarqué ci-devant. Cette
lâcheté déplut tellement à Balduccio d'Anguiari
qu'il la publia, & par ses lettres & par des
discours remplis de mépris & de colere. Cela
donna tant de confusion & de ressentiment à
Orlandini, qu'il souhaitoit passionnément de s'en

venger, s'imaginant d'effacer son infamie par la mort de celui qui la lui reprochoit si fortement. Les autres citoyens (1) n'ignoroient pas la passion d'Orlandini ; de sorte qu'ils n'eurent pas de peine à lui persuader d'assassiner d'Anguiari, en lui remontrant que d'un même coup il satisferoit sa vengeance, & qu'en même tems il délivreroit l'Etat d'un homme, qu'il étoit dangereux de conserver, & préjudiciable de l'envoyer ailleurs.

Orlandini étant bien résolu de faire cette belle action, il renferma dans sa chambre beaucoup de jeunes gens armés, & Balduccio étant venu sur la place où il venoit d'ordinaire tous les jours, pour parler de sa pension aux magistrats, le Gonfalonier l'envoya appeller, & il voulut bien aller le trouver, ne soupçonnant rien. Orlandini alla au-devant de lui, & fit deux ou trois tours avec lui dans la gallerie qui est devant la chambre des Seigneurs, en lui parlant toujours de ses gages. Ensuite, quand il crut qu'il étoit tems, il passa devant la chambre où étoient les gens en armes & leur fit signe. Incontinent ils sortirent

---

(1) Ce terme vague de *citoyens* est un trait d'ami de l'auteur en faveur de Cosme de Médicis, à la maison de qui Machiavel étoit attaché.

sur ce pauvre commandant, & l'ayant trouvé sans armes & seul ils l'assassinerent & le jetterent par les fenétres du palais dans la Douane, d'où il fut porté dans la place où on lui coupa la téte, & on l'exposa tout le jour en spectacle à la populace. Il laissa un fils qui étoit encore jeune, mais il ne vécut pas long-tems. Sa femme désolée de la perte de son mari & de son fils, ne voulut point se remarier ; mais ayant fait un couvent de sa maison, où elle reçut plusieurs dames de qualité, elle vécut & mourut saintement dans sa retraite. Son nom demeura à ce couvent qu'elle fonda, & sa réputation qui est encore récente, durera jusqu'à la fin du monde.

Cette mort diminua en partie le pouvoir de Caponi, & lui fit perdre des amis & du crédit. Cependant les citoyens qui étoient dans le gouvernement ne se contenterent pas de cela. Mais voyant qu'il s'étoit déjà écoulé dix ans depuis qu'ils s'étoient rendus les maîtres de l'Etat, & que le pouvoir du conseil extraordinaire étoit fini, ce qui faisoit que plusieurs, & par leurs actions & par leurs discours, prenoient bien plus de hardiesse qu'ils ne jugeoient à propos, ils crurent qu'il falloit se raffermir encore, en donnant du pouvoir aux personnes de leur parti, & en abbattant les autres.

O 4

Pour venir plus aisément à bout de ce dessein, ils firent par le moyen du conseil général, un nouveau conseil extraordinaire qui réforma les charges ; remit entre les mains de peu de personnes le pouvoir de faire la seigneurie ; renouvella la chancellerie des réformations en l'ôtant à Philippe Perouzi, & la donnant à un homme qui devoit se gouverner selon l'intention des plus puissans. Ce conseil prolongea encore les termes du bannissement des relégués, & mit en prison Jean fils de Simon Vespucci. Il priva des charges ceux qui avoient été adjoints dans le gouvernement du parti opposé ; & ils en privèrent encore les enfans de Pierre Baroncelli, tous les Serragli, Barthelemi Fortini, François Castellani & beaucoup d'autres. Par cette conduite ils se fortifièrent dans la possession du gouvernement, & s'acquirent du crédit en abbattant l'orgueil de leurs ennemis & de ceux qui leur étoient suspects. Ainsi après avoir fixé & affermi toute l'autorité entre leurs mains, ils penserent aux affaires du dehors.

Nous avons dit ci-dessus que le roi Alfonse avoit abandonné Nicolas Piccinino, et que le comte Sforce étoit devenu puissant par le secours des Florentins, ce qui le mit en état d'attaquer Piccinino auprès de Fermo, où il le battit ; en sorte qu'étant abandonné de presque tout le monde, il se retira avec fort peu de gens dans Montecquio, où il se fortifia & se défendit si bien, qu'en peu de tems toutes ses troupes revinrent le joindre. Le nombre en étoit si grand qu'il pouvoit tenir tête au comte, sur-tout à cause de la venue de l'hiver, qui obligea les uns & les autres de mettre leurs soldats dans les quartiers.

Piccinino s'attacha tout l'hiver à fortifier son armée de monde, en quoi il fut aidé par le pape & par le roi Alfonse. Ces généraux donc se mirent en campagne si-tôt que le printems fut venu : mais Piccinino étant le plus fort, le comte se trouvoit réduit presque à l'extrémité ; & il auroit succombé si le duc de Milan n'eût point rompu les mesures de Piccinino, en l'envoyant prier qu'il vint le trouver incessamment, ayant à lui dire des choses de la dernière importance, qu'il ne pouvoit lui dire que de bouche. Ce pauvre général, souhaitant fort de savoir ce que c'étoit, abandonna une victoire assurée pour un bien incertain, & laissant son fils François chef des troupes, il s'en alla à Milan. Le comte l'ayant appris, il ne voulut pas perdre l'occasion de livrer bataille pendant que le général étoit absent ; de sorte qu'étant venu aux mains avec François auprès de Monte-Loro, il défit son armée & le prit prisonnier.

Nicolas Piccinino arriva à Milan, où il se vit trompé par le duc Philippe, & apprenant de plus la défaite & la prison de son fils, il mourut de chagrin en l'an mil quatre cent quarante-cinq, âgé de soixante - quatre ans. Il fut plus brave qu'il ne fut heureux, & il laissa deux fils, François & Jacques, qui furent moins braves & plus malheureux encore que leur pere : de sorte que ces troupes de Braccio se dissiperent peu-à-peu, au contraire de celles des Sforces, qui étant favorisées de la fortune, acquirent de plus en plus beaucoup de réputation.

Le pape voyant l'armée de Piccinino battue, & lui-même mort ; d'ailleurs, ne faisant pas grand fond sur le secours du roi d'Arragon, il voulut faire la paix avec le comte, & elle fut conclue par la médiation des Florentins. Par ce traité, le pape demeura maître dans la Marche d'Osimo, Fabriano, & Ricanati ; le reste demeura au comte. Si-tôt que la paix fut faite dans la Marche, toute l'Italie auroit été tranquille, si Boulogne n'eût point troublé son repos. Il y avoit dans cette ville-là deux familles très-puissantes, les Cannesqui & les Bentivoglio. Le chef de cette derniere étoit Annibal, & celui de l'autre s'appelloit Battiste ;

& afin de se mieux assurer les uns des autres, ils avoient contracté une alliance de familles ensemble : mais entre des gens qui aspirent à une même grandeur, il peut bien se faire des liaisons de parenté, sans qu'il s'en fasse jamais d'amitié.

Boulogne étoit en ligue avec Florence & Venise, & le traité en avoit été fait par Annibal Bentivoglio, après qu'il en eût chassé François Piccinino. Or, Battiste Cannesqui, sachant combien le duc de Milan souhaitoit d'avoir Boulogne dans ses intérêts, entretint correspondance avec ce prince, pour se défaire de Bentivoglio & pour mettre la ville sous son autorité. Après donc qu'ils furent convenus des moyens, Cannesqui attaqua avec ses gens Bentivoglio, & le tua le vingt-quatre de juin de l'an mil quatre cent quarante-cinq ; puis courant par tous les quartiers de la ville, il s'écria : Vive le duc de Milan. Il y avoit alors dans Boulogne des commissaires de Venise & de Florence, qui, au premier bruit, se retirerent dans leurs maisons. Mais voyant ensuite que le peuple s'assembloit en armes en grand nombre dans la place, & criant contre les assassins, se plaignant de la mort de Bentivoglio, ces ministres reprirent courage, & se joignirent au peuple : puis attaquant ensemble les gens de Cannesqui, il les défirent en

peu d'heures, tuant les uns, & chassant les autres
hors de la ville. Battiste Cannesqui n'ayant pas
eu le tems de fuir, ni ses ennemis l'occasion de
le tuer, il se cacha chez lui dans une fosse, faite
pour conserver du bled; & après qu'on l'eut
cherché tout le jour sans le pouvoir trouver,
quoiqu'on sût fort bien qu'il n'étoit pas sorti
de la ville, l'on épouvanta si fort ses gens,
qu'un laquais le découvrit. On le tira donc de
cette fosse tout armé, & d'abord on le tua; puis
on le traîna par les rues, & enfin on le brûla.
Ainsi la puissance du duc de Milan donna bien
le courage à Cannesqui de faire cette grande entreprise; mais les forces du prince ne vinrent
pas à tems pour la soutenir.

La mort de cet homme, & la fuite de tous
ses parens, ayant mis fin à ce tumulte, Boulogne demeura dans une très-grande confusion,
parce qu'il n'y avoit personne de la maison Bentivoglio capable de gouverner, Annibal n'ayant
laissé qu'un fils de six ans, nommé Jean; desorte qu'on appréhendoit qu'il n'arrivât de la
division dans le parti des Bentivoglio, qui seroit
cause du retour des Cannesqui; ce qui ruineroit
la ville & même leur parti. Pendant donc qu'ils
étoient si indéterminés, le comte de Poppi, qui
se trouvoit alors dans la ville, leur dit « que s'ils

» vouloient être gouvernés par une personne
» du sang d'Annibal, il savoit bien le moyen de
» leur en faire trouver une. Et il leur dit,
» qu'Hercule Bentivoglio, cousin d'Annibal,
» étant à Poppi il y a environ vingt ans, s'attacha
» à une jeune fille du lieu, dont il eut un fils,
» appellé Santi; & que le même Hercule l'avoit
» assuré bien des fois qu'il étoit à lui, comme
» en effet il n'eût pas pu le nier, parce qu'il se
» rencontre entr'eux une fort grande ressem-
» blance «. Les habitans de Boulogne, se persuadant de tout ce que le comte de Poppi leur
apprenoit sur ce chapitre, ne perdirent point de
tems pour envoyer à Florence des citoyens d'entr'eux, afin de reconnoître le jeune homme, &
d'obtenir de Médicis & de Caponi qu'on le
remît entre leurs mains. Celui que l'on croyoit
être le pere de Santi, étoit déjà mort; ensorte
que l'enfant étoit sous la tutele d'un oncle,
nommé Antoine de Cascese. Or, cet Antoine
étoit riche, sans enfans, & ami de Caponi, qui
ayant appris toute cette affaire, il jugea qu'il ne
falloit, ni la mépriser, ni l'accepter à l'étourdie;
desorte qu'il voulut que Santi, en présence de
Médicis, parlât avec les députés de Boulogne.
Etant donc tous ensemble, Santi fut, non-seulement respecté, mais même presque adoré par les

Boulonnois, tant l'attache & l'amour de parti a
de force sur l'esprit des gens. Il ne fut rien
conclu pour l'heure, si-non que Médicis prenant
à part le jeune homme, il lui dit : » Personne
» ne peut vous bien conseiller dans cette affaire,
» que vous-même; & il faut que vous suiviez
» votre propre penchant ; parce que, si vous
» voulez être sorti de Bentivoglio, il faudra que
» vous vous portiez aux grandes actions & à tout
» ce qui sera digne d'un tel pere & d'une si grande
» maison : mais si vous demeurez le fils d'Agnolo
» de Cascese, vous resterez dans Florence à
» consumer bassement votre vie dans le métier
» abject de la laine «.

Ce discours fit impression sur l'esprit de ce
garçon, & dans l'abord ayant presque refusé de
prendre le parti qu'on lui proposoit ; après cela
il disoit, « qu'il se remettoit entierement à tout
» ce que *Caponi* & *Médicis* lui conseilleroient ».
Étant donc demeurés d'accord avec les Boulonnois, l'on donna à Santi des serviteurs, des chevaux, & des habits ; & peu après il fut conduit
à Boulogne, bien escorté. Là il fut établi curateur des enfans d'Annibal & gouverneur de la
ville, où il sut se conduire avec tant de prudence, qu'au lieu que tous ceux de la maison de
Bentivoglio avoient toujours été tués par leurs

ennemis, celui-ci vécut en paix, & mourut comblé de gloire.

Après la mort de Nicolas Piccinino & la paix conclue dans la Marche, le duc de Milan désiroit d'avoir un général pour commander ses troupes; & pour cela il traita secrettement avec Ciarpellon, l'un des plus considérables officiers qu'eût le comte Sforce, & ils convinrent ensemble des conditions : ainsi Ciarpellon demanda congé au comte pour aller à Milan, afin d'entrer en possession de quelques châteaux que le duc Philippe lui avoit donnés dans les guerres passées. Mais Sforce, soupçonnant la chose, le fit premierement arrêter; ensuite il le fit mourir, afin que le duc ne s'en servît pas contre ses intentions, alléguant que cet officier avoit été surpris dans quelque trâme contre lui. Cela chagrina & piqua fortement le duc; mais les Florentins & les Vénitiens en eurent beaucoup de joie, parce qu'ils appréhendoient toutes choses de la grande puissance de Philippe & des troupes de Sforce, si une fois elles étoient unies ensemble. La colere du duc fit encore renaître la guerre dans la Marche d'Ancone.

Sigismond Malatesti étoit seigneur de Rimini ; & comme il étoit gendre du comte, il espéroit d'avoir la ville de Pesaro ; mais le comte, après qu'il l'eut prise, la donna à son frere Alexandre, ce qui irrita extrêmement Malatesti. Son ressentiment fut beaucoup plus grand, lorsqu'il vit que Frédéric de Montefeltro son ennemi capital, fut encore aidé par le comte à conquérir l'Etat d'Urbin ; ce qui fut cause que Malatesti se ligua avec le duc Milan, & qu'il sollicitoit le pape & le roi de Naples à faire la guerre au comte, qui, de son côté, voulant faire goûter à son gendre les premiers fruits d'une guerre qu'il souhaitait tant ; il résolut de le prévenir, & tomba sur lui à l'improviste ; de sorte que la Romagne & la Marche furent incontinent remplies de troubles, parce que le duc de Milan, le roi de Naples, & le pape, envoyerent de puissans secours à Malatesti, & les Florentins & les Vénitiens donnoient de l'argent au comte, ne pouvant pas lui donner des troupes. Le duc ne se contentant pas de la guerre dans la Romagne, voulut encore ôter à Sforce Crémone & Pontremoli : mais cette derniere place fut défendue par les Florentins, l'autre par les Vénitiens. Ainsi la guerre se ralluma encore en Lombardie ; & après quelques faits d'armes arrivés dans le Crémonois, François Piccinino, général des troupes de Philippe, fut défait auprès de Casal par Michelet, général des troupes des Vénitiens.

Cette

Cette victoire donna l'espérance aux Vénitiens de dépouiller le duc de ces Etats. Ils envoyerent donc un commissaire à Crémone, & attaquerent la Guiaradadda, dont ils s'emparerent entierement, excepté de Crémone. Ensuite, passant l'Adda, ils firent des courses jusqu'aux portes de Milan ; ce qui obligea le duc de recourir à Alfonse, le priant de le secourir, & lui faisant voir le péril où seroit le royaume de Naples, si les Vénitiens devenoient maîtres de la Lombardie. Alfonse promit le secours, qui ne pouvoit passer qu'avec peine sans le consentement de Sforce : ainsi Philippe supplia le comte de ne vouloir point abandonner un beau-pere, déjà vieux & aveugle. Le comte étoit piqué contre le duc de ce qu'il lui avoit fait la guerre ; d'autre côté, la puissance des Vénitiens ne lui plaisoit pas, & l'argent commençoit déjà à lui manquer ; la ligue ne lui en fournissoit que petitement, parce que les Florentins n'avoient plus d'appréhension du duc de Milan, dont la puissance leur avoit fait rechercher le comte ; & les Vénitiens souhaitoient sa ruine, parce qu'ils ne voyoient que lui qui les pût empêcher de se rendre maîtres de la Lombardie. Néanmoins, pendant que le duc cherchoit de le mettre dans ses intérêts, & qu'il lui offroit la disposition de

toutes ses troupes , pourvu qu'il rendît la Marche
au pape , & qu'il abandonnât les Vénitiens ; ces
derniers lui envoyerent aussi des ambassadeurs ,
pour lui promettre Milan , en cas qu'ils le prissent , & le commandement à toujours de leurs
troupes , pourvu qu'il continuât la guerre dans
la Marche , & qu'il empêchât le secours du roi
Alfonse de passer en Lombardie.

Les offres des Vénitiens étoient grandes , &
les obligations que le comte leur avoit l'étoient
aussi , puisqu'ils avoient entrepris cette guerre
pour sauver Crémone. D'autre côté , les mauvais
traitemens qu'il avoit reçus du duc , étoient
récens , & ses promesses infidèles & petites.
Cependant le comte étoit en suspens quel parti
il prendroit , parce qu'il étoit retenu , d'un côté ,
par son engagement avec la ligue , par sa parole
donnée , par les derniers services qu'on vénoit
de lui rendre , & par les offres de beaucoup de
grands avantages ; d'autre côté , il étoit touché
des prieres d'un beau-père. Mais ce qui le tenoit
le plus en balance de ce côté-ici , c'est qu'il
craignoit qu'il n'y eût du venin caché sous l'appui que les Vénitiens lui présentoient & sous
la belle apparence de leurs grandes offres , jugeant bien , qu'en cas qu'ils vinssent à bout de
leurs desseins , il devroit dépendre entierement

d'eux, non-seulement pour l'exécution de leurs promesses, mais même à l'égard de ses propres États : or, jamais prince ne s'est abandonné à la discrétion d'un autre, si ce n'est par nécessité.

Pendant que le comte balançoit ainsi, l'ambition des Vénitiens lui fit bientôt prendre parti ; car, s'étant flattés de prendre Crémone par le moyen de quelques intelligences qu'ils y avoient, ils chercherent un prétexte pour en faire approcher leurs troupes ; mais ceux qui commandoient dans la ville de la part du comte ayant éventé la mine, les Vénitiens manquèrent leur coup ; & ils perdirent avec cela le comte, qui, sans garder désormais aucunes mesures, se ligua avec le duc de Milan.

Le pape Eugène mourut en ce tems-là ; & eut pour successeur Nicolas V : & comme le comte étoit déjà avec ses toutes troupes à Cotignole, pour passer en Lombardie, il y reçut la nouvelle de la mort du duc de Milan, qui arriva le dernier août de l'an mil quatre cent quarante-sept. Cette nouvelle accabla le comte, parce qu'il trouvoit que ses troupes n'étoient pas en bon ordre, à cause qu'elles n'avoient pas reçu tout ce qui leur étoit dû. Il craignoit, du côté des Vénitiens, qu'il voyoit armés & devenus ses ennemis, pour les avoir abandonnés, & s'être ligué avec le feu duc. Il appréhendoit de la part d'Alfonse, son ennemi de longue main. Il ne comptoit point sur le pape, ni sur les Florentins, parce que ceux-ci étoient ligués avec les Vénitiens, & qu'il retenoit des Etats appartenans à l'église. Il résolut pourtant de braver la fortune, & de se conduire selon les accidens qui surviendroient, parce qu'en agissant on découvre souvent des expédiens, qui demeureroient toujours inconnus, si l'on demeuroit les bras croisés. Il espéroit beaucoup sur la pensée qu'il avoit, que les Milanois, voulant se défendre contre l'ambition des Vénitiens, ne le pouvoient faire par d'autres secours, que par celui de ses armes.

Ainsi, prenant courage, il passa dans le territoire de Boulogne ; puis étant au-delà de Modene & de Reggio, il fit halte avec ses troupes sur la riviere de Lenza, & envoya à Milan faire offre de ses services. Depuis que le duc fut mort une partie des Milanois vouloit vivre en forme de république, & les autres vouloient être sous l'autorité d'un prince. Ce dernier parti étoit encore partagé en deux, les uns voulant se donner au roi Alfonse, les autres demandant le comte. Ainsi, ceux qui vouloient vivre sous un gouvernement libre, étant plus unis entr'eux, l'emporterent sur les autres ; & ils établirent une république selon qu'ils le trouverent à propos. Mais plusieurs villes de l'Etat ne voulurent point s'y soumettre, espérant pouvoir se maintenir libres aussi-bien que Milan méme ; & celles qui ne pensoient point à se rendre indépendantes, ne vouloient point obéir aux Milanois. Sur ce pied-là, Lodi & Plaisance se donnerent aux Vénitiens ; Pavie & Parme se firent libres.

Le comte Sforce, voyant toutes ces confusions, se retira à Crémone, où les ambassadeurs, qu'il avoit envoyés à Milan, vinrent avec ceux de la ville, pour conclure avec lui d'être le général des Milanois, aux mêmes conditions qu'il avoit accordées avec le feu duc ; y ajoutant, outre cela, *que la ville de Bresce lui appartiendroit, & qu'en cas qu'on conquît Vérone, il la garderoit pour lui, en restituant la premiere.*

Devant que le duc mourût, le pape Nicolas V avoit tâché de mettre la paix entre tous les princes Italiens : &, pour y parvenir, il convint avec les ambassadeurs de Florence, qui lui furent envoyés à son exaltation, de faire une assemblée à Ferrare, pour y traiter d'une longue trève, ou d'une paix solide. Le légat du pape donc, les ambassadeurs du duc Philippe, ceux des Vénitiens & des Florentins se trouverent tous dans

cette ville-là ; mais ceux du roi Alfonse ne s'y
trouverent pas. Ce prince étoit alors à Tivoli
avec beaucoup de troupes à pied & à cheval ; &
de-là il appuyoit les intéréts du duc. L'on soupçonna même, qu'après que ces deux princes
eurent mis le comte Sforce dans leur parti, ils
avoient dessein d'attaquer ouvertement les Vénitiens & les Florentins ; & ils amusoient les gens
par la paix qu'on traitoit à Ferrare, jusqu'à ce que les
troupes du comte fussent passées en Lombardie.
Cependant le roi n'avoit point envoyé ses ambassadeurs à la conférence , disant *qu'il ratifie-*
roit tout ce que le duc conclueroit.

L'on traita de la paix pendant plusieurs jours ;
& après bien des contestes , l'on demeura d'accord, ou de faire une paix pour toujours , ou
une trève pour cinq ans, selon que le duc de
Milan souhaiteroit, ou l'une, ou l'autre. Mais
ses ambassadeurs étant allés à Milan pour savoir
sa volonté , ils le trouverent mort. Nonobstant
cela , les Milanois vouloient continuer le traité ;
mais les Vénitiens n'y voulurent pas consentir,
espérant de se rendre maîtres de cet État, en le
pressant si vigoureusement , qu'il fût obligé de
se soumettre avant qu'on eût le tems de le secourir. Ce qui les fortifia encore dans cette espérance , ce fut de voir les Florentins en guerre

avec le roi Alfonse. Ce prince étoit à Tivoli,
& voulant continuer ses desseins sur la Toscane,
comme il en étoit convenu avec le feu duc, il
espéroit que la guerre, qui étoit déjà allumée
en Lombardie, lui donneroit assez de tems &
de commodité pour prendre pied dans l'Etat des
Florentins, devant que de se déclarer ouvertement. Sur cela, il trâma une intelligence dans
la forteresse de Cennina au val d'Arne, & la
prit.

Les Florentins, frappés de cet accident im-
prévu, & voyant le roi en marche pour venir
contr'eux, ils leverent des troupes, & créérent
le conseil des Dix, pour gouverner les affaires
de la guerre, à laquelle ils se préparerent selon
leur coutume ordinaire. Le roi étoit déjà avec
son armée dans le pays de Sienne, & il faisoit
tout ce qu'il pouvoit pour mettre cette ville
dans ses intérêts : néanmoins, les Siennois demeurerent fermes dans l'alliance des Florentins,
& ne donnerent point d'entrée au roi, ni dans
leur ville, ni dans aucune de leurs Places. Il est
vrai qu'ils lui fournissoient des vivres, ne pouvant pas s'en défendre, à cause de leur foiblesse
& de la force de l'ennemi. Le roi changea le
dessein qu'il avoit de passer par le val d'Arne,
tant parce qu'il avoit laissé reprendre la forte-

resse de Cennina, que parce que les Florentins avoient à-peu-près le monde qu'il leur falloit ; desorte qu'il prit la route de Voltere, prenant plusieurs châteaux dans son territoire. De-là il passa dans celui de Pise, où, par le moyen d'Henri & de Fatio de Conti de la Guerades-que, il prit quelques châteaux, d'où il voulut aller prendre Campille : mais il n'en put venir à bout, parce qu'elle fut défendue par les Floren-tins & par l'hiver ; ce qui fut cause que le roi laissant des garnisons pour défendre les places conquises, & pour faire des courses dans le pays ennemi, se retira dans ses quartiers d'hiver dans le territoire de Sienne.

Les Florentins, se prévalant de la mauvaise saison, se fortifierent tant qu'ils purent sous la conduite de Frédéric, seigneur d'Urbin, & de Sigismond Malatesti, seigneur de Rimini ; & quoique ces deux chefs fussent mal ensemble, la prudence de Caponi & de Bernard de Médicis, commissaires de Florence, les entretint en si bonne correspondance, qu'ils furent en état d'en-trer en campagne avant la fin de l'hiver, & de reprendre les places qu'on avoit perdues dans le Pisantin aussi-bien que celle du Volterran : de plus, l'on serra de si près les soldats du roi, qui auparavant faisoient des courses dans le pays près de la mer, qu'à peine purent-ils conserver les places qu'on leur avoit données à garder.

Mais quand le printems fut venu, les commissaires firent halte à Spedaletto avec toutes leurs troupes, qui consistoient en cinq mille chevaux & deux mille fantassins, & le roi vint avec les siennes, au nombre de quinze mille, à une bonne lieue près de Campilte. Mais lorsque l'on croyoit qu'il venoit assiéger cette place, il se jetta sur Piombino, espérant l'emporter aisément à cause qu'il étoit mal pourvu, & que ce poste lui seroit très-avantageux, & d'un grand préjudice aux Florentins ; parce que de-là il pouvoit les miner par une longue guerre, le lieu étant facile à secourir par mer, & propre pour mettre tout le Pisantin à contribution. Cette attaque déplut beaucoup aux Florentins ; & ayant consulté sur ce qu'il y avoit à faire, ils jugerent qu'il falloit se poster avec l'armée dans les bois de Campille, & que le roi seroit ainsi obligé de se retirer après une déroute, ou au moins avec honte. Pour cet effet ils armerent 4 galeasses (1) qu'ils avoient à Livourne, & par leur moyen ils

____

(1) Ce sont des bâtimens qui vont à la rame comme les galeres, mais qui sont bien plus grands, ayant un pont comme les vaisseaux.

jetterent trois cens hommes dans Piombino ; puis ils camperent à Caldane, qui est un poste où il étoit fort difficile de les attaquer, parce que, s'ils se fussent postés dans la plaine au milieu des bois, ils auroient été en risque.

L'armée Florentine tiroit ses convois des places voisines, qui, étant en fort petit nombre & très-peu habitées, avoient peine à fournir tout ce qu'il falloit : ainsi elle souffroit principalement par le manque de vin, parce que, comme il ne s'en recueilloit point dans le pays, & qu'on ne pouvoit en tirer d'ailleurs, il n'étoit pas pas possible que tout le monde en eût. Mais le roi, par le moyen de la mer, à la réserve du fourage, ne manquoit de rien, quoiqu'il fût fort resserré par l'armée des Florentins. Ils voulurent donc essayer s'ils pourroient aussi fournir des vivres à leur armée par la voie de la mer; ainsi ils chargerent leurs Galeasses de munitions de bouche : mais sept galères du roi les ayant rencontrées, en prirent deux, & donnerent la chasse aux deux autres. Cette perte ôta entièrement l'espérance aux Florentins de pouvoir rafraîchir leurs troupes ; desorte que deux cens de leurs fourageurs passerent dans le camp du roi, sur-tout parce qu'ils manquoient de vin, & les autres commençoient à murmurer, disant *qu'ils ne pouvoient.*

pas demeurer dans un pays si chaud sans vin , &
n'ayant que de mauvaises eaux.

Les commissaires donc résolurent d'abandonner ce poste, & s'en allerent à la conquête de quelques châteaux que le roi tenoit encore. Ce prince n'étoit pas en meilleur état de son côté ; car, quoiqu'il ne manquât point de vivres, & qu'il eût davantage de troupes que ses ennemis ; néanmoins son armée étoit si remplie des maladies que la marine produit dans la grande chaleur , que plusieurs de ses gens en mouroient , & presque tous en étoient attaqués ; desorte que l'on mit quelques propositions de paix sur le tapis. Le roi demandoit cinquante mille florins , & qu'on lui abandonnât Piombino ; ce qui ayant été consulté à Florence, plusieurs y consentoient, parce qu'ils souhaitoient la paix, disant *qu'ils ne voyoient pas les moyens de demeurer vainqueurs dans une guerre qui demandoit de si grandes dépenses pour la soutenir.* Mais Caponi s'étant transporté à Florence, apporta tant de raisons pour dissuader cette paix, que tous les citoyens consentirent à ne la point accepter ; prenant de plus le seigneur de Piombino sous leur protection, & s'engageant de le secourir en tout tems. pourvu qu'il ne s'abandonnât pas lui-même, & qu'il continuât à vouloir se défendre aussi courageusement qu'il avoit fait jusqu'à présent.

Le roi ayant appris cette résolution, & voyant qu'avec une armée abbatue de maladies il ne pou-voit pas emporter la place, il en leva le siége, ses troupes étant plus délabrées, que s'il eût perdu une bataille ; car il laissa plus de deux mille hommes morts dans son camp, & avec le reste de cette pauvre armée languissante il se retira dans le territoire de Sienne. De-là il prit la route de Naples, fort en coleré contre les Florentins, qu'il menaçoit d'une nouvelle guerre pour le printems prochain.

Pendant que les affaires alloient sur ce pied en Toscane, dans la Lombardie, le comte Sforce étant devenu le général des Milanois, voulut avant toutes choses faire amitié avec François Piccinino, qui étoit à leur solde, afin de pouvoir s'en prévaloir dans les desseins qu'il avoit, ou que du moins il gardât plus de mesures s'il vouloit le traverser. Ce général entra donc en campagne avec son armée, ce qui fit beaucoup appréhender aux habitans de Pavie de ne se pouvoir pas défendre contre lui ; & d'ailleurs ne voulant pas devenir sujets des Milanois, ils offrirent leur ville au comte, à condition de ne les mettre pas sous la domination de Milan. Le comte souhaitoit fort cette ville pour lui, parce qu'elle lui paroissoit un bon commencement pour colorer ses desseins; & il n'étoit point retenu par la crainte, ou la honte, de rompre la foi donnée : « car l'on sait assez que les grands ne » trouvent rien de honteux, que la perte, étant » très-persuadés qu'il y a de la gloire à faire des » conquêtes par les voies de la fourberie & » de l'infidélité «. Mais tout ce qu'il craignoit en faisant la chose, c'étoit que les Milanois n'en fussent si offensés, que cela les obligeât de se donner aux Vénitiens. D'ailleurs ne prenant pas la ville, il appréhendoit fort du côté du duc de Savoie, à qui plusieurs des citoyens vouloient se donner; & si l'une de ces deux choses arrivoit, il perdoit l'espérance de devenir maître de la Lombardie. Néanmoins croyant qu'il y avoit moins de risque à s'emparer de la place, qu'à la laisser prendre à un autre, il résolut de l'accepter, dans l'espérance de le faire trouver bon aux Milanois, à qui il fit entendre, que ne l'acceptant pas, c'étoit les exposer à de très-grands périls, parce que cette ville se seroit donnée, ou aux Vénitiens, ou au duc de Savoie; qu'en tel cas leur Etat étoit perdu : qu'ainsi il valloit mieux qu'il l'eussent pour voisin, puisqu'il étoit leur ami, que d'etre si proches de l'une de ces deux grandes puissances, qui seroient sans doute de leurs ennemis.

Cela inquiéta fort les Milanois, parce qu'ils croyoient avoir découvert l'ambition du comte & les mauvaises intentions qu'il avoit dans toutes ses démarches. Mais ils ne jugerent pas à propos de lui marquer ce qu'ils en pensoient, parce que se séparant de lui, ils ne savoient de quel côté se tourner, si ce n'est de se donner aux Vénitiens, dont ils redoutoient l'orgueil & la tyrannie. C'est ce qui les fit résoudre à ne se point détacher de Sforce, & à se servir de lui pour remédier aux maux qui leur pendoient sur la tête, parce qu'ils n'avoient pas seulement les Vénitiens sur les bras, mais ils étoient encore attaqués par les Génois, & par le duc de Savoie, agissant au nom du duc d'Orléans, qui avoit épousé une sœur du feu duc Philippe. Mais le comte n'eut pas de peine à délivrer les Milanois de ces craintes-là. Il ne leur restoit plus d'ennemis que les Vénitiens, qui vouloient s'emparer de l'Etat avec une puissante armée, se voyant déjà maîtres de Lodi & de Plaisance. Mais le comte assiégea cette derniere ; & après bien de la peine, il la prit & la saccagea.

Ensuite, l'hiver étant venu, il mit ses troupes en quartier, & s'en alla à Crémone, où il

passa toute cette saison en repos avec sa femme.
Mais quand le printems fut commencé, les Milanois & les Vénitiens se mirent en campagne.
Les premiers souhaitoient de prendre Lodi, &
après cela de faire la paix, parce qu'ils commençoient à s'ennuyer beaucoup des dépenses de
la guerre. D'ailleurs ils soupçonnoient la fidélité
de leur général, desorte qu'ils souhaitoient de
n'avoir plus la guerre, pour s'assurer de lui, &
pour goûter un peu le repos. Ils résolurent donc
que leur armée marcheroit pour prendre Caravage, espérant que Lodi se rendroit si-tôt qu'on
auroit ôté ce château à l'ennemi. Le comte obéit
à ses supérieurs, quoique sa pensée fût d'aller
au-delà de l'Adda se jetter sur le pays de Bresce.
Il mit donc le siége devant Caravage, & se fortifia de tranchées & de remparts, afin que si les
Vénitiens vouloient lui faire lever le siége, ils
ne pussent l'attaquer qu'à leur d'ésavantage. Ils
vinrent avec leur général Michelet, & se posterent à deux portées de *mousquet* (1) près du
comte, où pendant plusieurs jours ils escarmou-
cherent beaucoup.

---

(1) Il y a deux portées d'*arc* dans l'original ; mais
j'ai pris notre usage, parce que c'est à-peu-près la même
chose.

Cela n'empêchoit pas que le comte ne pressât toujours fortement la place; l'ayant réduite à la nécessité de se rendre; ce qui déplaisoit beaucoup aux Vénitiens, qui s'imaginoient perdre toutes leurs espérances en perdant ce château. Il y eut là-dessus de grandes contestes entre leurs principaux officiers, sur les moyens de le secourir; à quoi l'on ne voyoit point d'autre expédient, que d'aller forcer l'ennemi dans ses retranchemens, ce qu'on ne pouvoit faire qu'avec un grand désavantage. Mais le Sénat de Venise, quoique naturellement timide, & éloigné de toutes les entreprises douteuses & de risque, faisoit néanmoins tant de cas de la conservation du château, qu'ils aimerent mieux mettre le tout pour le tout, que de se perdre & renoncer par-là à leurs projets. Ils résolurent donc d'attaquer le comte, à quelque prix que ce fût; & s'étant disposés à cela un jour, dès que l'aube parut, ils donnerent sur l'endroit le moins gardé. D'abord ils mirent l'armée en désordre, comme il arrive d'ordinaire dans des attaques imprévues; mais incontinent, Sforce remédia si bien à cette confusion que l'ennemi, après avoir fait plusieurs efforts pour forcer les retranchemens, fut honteusement repoussé. Mais outre cela, il fut battu & mis en déroute d'une si étrange maniere, que

de

de douze mille chevaux il ne s'en sauva pas mille, ayant encore perdu tout leur bagage & leurs équipages. Jamais les Vénitiens n'avoient été battus d'une maniere si ruineuse pour eux, & si capable de les jetter dans l'épouvante.

Entre les prisonniers il se trouva un Provéditeur (1) de Venise, qui avant le combat, & pendant la guerre, avoit parlé insolemment du comte, le traitant de bâtard & de canail; ensorte qu'après le combat, se voyant pris, & se souvenant bien de ses emportemens, il craignit d'être traité comme il le méritoit : c'est pourquoi, étant arrivé devant le comte, l'esprit rempli de terreur, selon le naturel des gens superbes & lâches, qui sont insolens dans la prospérité, mais abjects & soumis dans la mauvaise fortune, il se jetta en terre aux pieds de Sforce, fondant en larmes, & lui demandant pardon des insolences qu'il avoit ditescontre lui. Sforce le releva, & le prenant par la main, il lui dit de prendre courage, en lui donnant de bonnes espérances. Ensuite il dit « qu'il s'étonnoit qu'un homme aussi grave &

____

(1) C'est un officier que les Vénitiens envoyent pour avoir inspection sur l'armée et sur le général même, à qui il donne les ordres du Sénat, dont il est toujours chargé.

Tome V.   Q

» aussi prudent qu'il vouloit qu'on le crût, eût
» fait une si grande faute, que de tenir des discours
» si honteux d'une personne qui le méritoit si
» peu. Pour ce qui est des choses que vous me
» reprochez, je ne sais point ce qui s'est passé
» entre feu Monsieur de Sforce mon pere &
» Madame Lucie ma mere, parce que je n'y
» étois pas & que par conséquent je n'ai pu
» leur indiquer ce qu'ils devoient faire ; ainsi
» je ne dois attendre ni honneur ni blâme
» de leur conduite : mais je sais bien, que de
» ce qui a dépendu de moi, je n'ai pas lieu
» d'appréhender la censure de personne, &
» vous & votre Sénat en pouvez encore tout
» nouvellement rendre un véritable témoignage.»
Il l'exhorta ensuite d'avoir plus de retenue à
l'avenir dans les discours qu'il feroit des autres,
& plus de prudence & de conduite dans les desseins qu'il formeroit, & dans toutes les entreprises qu'il voudroit mettre en exécution.

Après cette victoire, le comte passa dans le
Brescian avec son armée triomphante, & s'empara de tout le pays ; puis il vint camper à deux
milles de Bresce. Les Vénitiens d'autre côté,
persuadés qu'après leur défaite le premier coup
qu'on leur donneroit devoit tomber sur cet en-
droit-là, l'avoient muni le mieux qu'ils avoient

pu ; après quoi, ils employerent toute la diligence possible pour rassembler des forces, re-
cueillant autant qu'ils purent les débris de leur
armée. Ils envoyerent encore demander du secours aux Florentins en vertu de la ligue qu'ils
avoient faite, & ceux-ci, se voyant délivrés
du roi Alfonse, leur envoyerent mille Fantassins
& deux mille chevaux. Tout. cela joint ensemble donna le tems aux Vénitiens de. traiter de
la paix. Pendant un tems il a été comme annexé
à cette république d'être battue en guerre, &
de regagner par la paix, non-seulement ce qu'elle
avoit perdu, mais encore quelque chose de plus.
Le sénat savoit que les Milanois se défioient
de leur général, qui ne vouloit pas se contenter
de cette qualité, mais qui vouloit devenir leur
souverain. Les Vénitiens savoient encore que leur
république étoit au choix de faire la paix, ou
avec eux, ou avec le comte, parce que l'Etat
de Milan la souhaitoit par le motif de la crainte,
& Sforce la souhaitoit par celui de l'ambition :
mais ils aimerent mieux la faire avec le dernier,
en lui offrant de l'aider dans le dessein qu'il
avoit sur cet Etat, parce qu'ils espéroient que
les Milanois, se voyant trompés par le comte,
aimeroient mieux se donner à tout autre qu'à
lui ; & en les réduisant à ne pouvoir se défen-

dre d'eux-mêmes, & à ne pouvoir plus se fier à Sforce, ils seroint contraints de se jetter entre leurs bras, faute d'autres moyens.

Quand cette résolution eut été prise, l'on sonda l'esprit du comte, & on le trouva très-disposé à la paix, parce qu'il souhaitoit que la victoire qu'il venoit de remporter à Caravage fût pour son compte, & non pas pour celui des Milanois. Les Vénitiens conclurent donc un traité avec Sforce, par lequel ils s'obligerent de lui fournir tous les mois treize mille Florins, avec un secours de quatre mille chevaux & de deux mille Fantassins, tant que dureroit la guerre, & jusqu'à ce qu'il se fût rendu maître de Milan. D'autre côté, le comte s'obligea de rendre aux Vénitiens toutes les places & les prisonniers, avec tout ce qu'il avoit pris sur eux dans cette guerre, se contenant seulement de ce que le duc Philippe possédoit lorsqu'il mourut.

Quand la nouvelle de ce traité fut arrivée à Milan, elle consterna bien plus la ville, que la victoire de Caravage ne l'avoit réjouie. Les grands faisoient des plaintes; le peuple jettoit des cris: les femmes & les enfans répandoient des larmes; & tous ensemble traitoient le comte de traître & de perfide: & quoiqu'ils fussent per-suadés que leurs prieres & leurs promesses ne lui feroient pas changer le dessein tyrannique qu'il avoit formé, ils ne laisserent pas de lui envoyer des ambassadeurs, pour voir de quel air & avec quel discours il pallieroit un si noir attentat. Quand donc ces ambassadeurs furent admis à l'audience, l'un d'eux parla au comte en ces termes :

» Ceux qui veulent obtenir quelque chose des
» autres ont accoutumé d'employer les prieres,
» ou de proposer des avantages, ou de faire
». des menaces, afin que les gens touchés de
» bonté, ou gagnés par l'utilité, ou intimidés
» par la crainte, consentent à ce que l'on sou-
» haite d'eux. Mais quand on a affaire à des
» personnes impitoyables & fort intéressées,
» qui de plus s'imaginent être assez puissan-
» tes, ces motifs n'ayant aucun lieu, c'est inuti-
» lement que l'on cherche de les adoucir par
» les prieres, de les gagner par des promesses,
» ou de les épouvanter par des menaces. Nous
« donc, reconnoissant, quoique trop tard,
» votre cruauté, votre ambition, & votre or-
» gueil, sommes venus vers vous, non pas dans
» le dessein de vous demander quelque chose,
» ni dans l'espérance de l'obtenir, quand bien
» nous la demanderions ; mais pour vous faire
» souvenir de tous les biens que vous avez reçus

» du peuple Milanois, & pour vous représen-
» ter l'ingratitude dont vous les reconnoissez,
» afin qu'au milieu des cruels ennuis que nous
» ressentons, nous goûtions au moins le plaisir
» de vous les reprocher. Souvenez-vous seule-
» ment de l'état où vous étiez après la mort
» du duc Philippe. Vous étiez mal avec le Pape
» & avec le roi de Naples ; vous aviez aban-
» donné les Florentins & les Vénitiens, qui com-
» mençoient à vous regarder comme leur ennemi,
» à cause de l'outrage que vous veniez de leur
» faire & du peu de besoin qu'ils avoient de
» vous ; vous étiez fatigué de la guerre que
» vous aviez eue contre l'état ecclésiastique ;
» vous aviez peu de troupes , point d'amis ,
» point d'argent, & hors d'espérance de con-
» server vos Etats & la réputation que vous
» aviez acquise ; enfin vous étiez sur le bord
» de votre ruine sans notre malheureuse simpli-
» cité ; car nous avons été les seuls qui vous
» avons donné retraite, étant portés à cette
» bonté par le respect que nous avions pour la
» mémoire de notre feu prince , dont vous aviez
» l'honneur d'être allié , & avec qui vous veniez
» de faire un traité. Nous espérions donc que
» votre amitié descendroit jusqu'à ses héritiers,
» & que si nous ajoutions, aux largesses dont

» il vous avoit comblé, de nouvelles libéralités,
» cette amitié devroit être ferme & même éter-
» nelle; & la-dessus nous avons augmenté votre
» premier traité avec le feu duc de la promesse
» de Bresce, ou de Vérone. Que pouvions-nous
» vous donner ou vous promettre davantage?
» Et vous, que pouviez-vous en ces tems-là, je
» ne dis pas attendre, mais même souhaiter
» au-delà, de la part d'aucun souverain? Vous
» avez donc reçu de nous un bien au-dessus
» de vos espérances, & pour nous, nous rece-
» vons de vous un mal que nous n'en devions
» pas attendre.

« Mais vous n'avez pas attendu jusqu'à pré-
» sent à nous donner des marques de vos inten-
» tions injustes; car si-tôt que vous avez eu le
» commandement de nos armées, vous avez
» accepté pour vous la ville de Pavie contre
» toutes les régles de l'équité, & nous devions
» bien juger dès-lors tout ce que nous devions
» espérer de votre amitié. Nous souffrîmes donc
» cette injustice, espérant qu'une si grande
» conquéte satisferoit votre ambition. Mais helas!
» ceux qui souhaitent ne se contentent pas d'une
» partie. Vous promîtes, que toutes les con-
» quêtes que vous feriez ensuite seroient pour
» nous, parce que vous espériez nous ravir tout

» d'un coup ce que vous nous remétiez peu
» à peu entre les mains ; & cela est arrivé après
» la victoire de Caravage, qui étant mise en
» état d'être gagnée par notre sang & par notre
» bien, a été effectivement remportée à notre
» ruine. Que les républiques sont malheureuses
» lorsqu'elles ont à défendre leur liberté contre
» l'ambition de ceux qui la veulent opprimer !
» Mais celles-là sont bien p us malheureuses
» encore, qui sont réduites à se défendre contre
» leurs propres mercénaires, devenus rebelles
» comme vous ! Qu'au moins la postérité profite
» de notre désastre, puisque nous n'avons pas
» été rendus sages par l'exemple des Thébains
» & de Philippe Macédoine, qui après la vic-
» toire remportée sur leurs ennemis, devint
» d'abord le général de cette république, en-
» suite son ennemi, & enfin il fit de ses maîtres
» ses sujets.

» Toute la faute donc que nous avons faite,
» est de nous être trop confiés en une personne,
» dont nous devions avoir de la défiance ; car
» toutes les actions de votre vie & de votre
» ambition, qui ne se contente d'aucun grade
» & d'aucun état, nous devoient bien faire tenir
» mieux sur nos gardes. Devions-nous nous confier
» à un homme, qui a trahi le prince de Luques,

» qui a fait des extorsions aux Florentins & aux
» Vénitiens ; qui a marqué du mépris à notre
» prince défunt ; qui a insulté un roi ; & sur-
» tout, qui a fait une si outrageuse guerre à Dieu
» même, & à son église ? Nous ne devions pas
» nous flatter qu'un tel homme eût plus d'égards
» pour nous, que pour tant de princes, & qu'il
» nous dût garder la foi qu'il leur a tant de fois
» violée. Cependant notre imprudence ne justi-
» fie pas votre perfidie, & ne vous garantit
» pas de l'infamie dont nous espérons vous cou-
» vrir dans le monde par nos justes plaintes.
» Elle ne fera pas non plus mourir le ver dont
» votre conscience doit être rongée , lorsqu'elle
» pensera que les armes, que nous vous avions
» mises à la main pour nous défendre contre
» les autres, vous auront servi à nous outrager
» & à nous perdre ; car vous viendrez vous-même
» vous juger digne de tous les châtimens, que
» méritent les parricides.

» Et bien que votre ambition vous puisse
» aveugler, toute la terre, qui voit votre injus-
» tice, vous fera bien ouvrir les yeux ; Dieu
» lui-même vous les ouvrira, s'il est vrai qu'il
» abhorre le parjure, la perfidie , & la trahison,
» & s'il ne supporte pas toujours les scélérats,
» comme il a fait jusqu'ici, en ne vous acca-

» blant pas, pour en tirer sans doute un plus
» grand bien, qui nous est inconnu. N'espérez
» donc pas une victoire certaine ; car la juste
» colere de Dieu saura bien vous l'arracher ; &
» nous sommes résolus de perdre la vie avant
» que de perdre la liberté : & si nous n'avons
» pas la force de la maintenir, nous la soumet-
» trons toujours à tout autre qu'à vous. Si enfin
» nos crimes nous attirent l'affreuse désolation
» de tomber entre vos mains, soyez assuré
» qu'une autorité, usurpée par trahison & par
» les crimes les plus lâches, finira en votre
» personne, ou en celles de vos enfans, avec
» la derniere misere & la derniere infa-
» mie «.

Le comte, quoiqu'il se sentît déchirer par
cette harangue, ne marqua pourtant aucune alté-
ration extraordinaire, ni dans ses discours, ni
dans son extérieur ; mais il répondit, » qu'il
» vouloit bien pardonner à leur colere un dis-
» cours si peu sage, auquel il repliqueroit exac-
» tement s'il étoit en présence de gens qui pus-
» sent juger de leurs différens, parce qu'il feroit
» bien voir qu'il n'a point fait de mauvais traite-
» mens aux Milanois, mais qu'il a seulement
» tâché de se mettre à couvert de ceux qu'ils
» pouvoient lui faire, puisqu'ils ne pouvoient

» pas avoir oublié la conduite qu'ils avoient
» tenue après la victoire de Caravage; puisqu'au
» lieu de le récompenser par le don de Bresce
» ou de Vérone, comme ils l'avoient promis,
» ils tâchoient de faire la paix avec les Véni-
» tiens, afin de lui mettre à dos les ennemis,
» de jouir du fruit de sa victoire sous le titre
» de la paix, & de posséder tranquillement eux
» seuls tous les avantages que sa bonne conduite
» dans la guerre leur avoit procurés : qu'ainsi
» ils ne pouvoient pas raisonnablement se plain-
» dre, s'il avoit fait une paix qu'ils avoient
» eux-mêmes recherchée les premiers ; car s'il
» n'eût pas pris ce parti-là il seroit à présent en
» état de leur pouvoir faire les mêmes reproches
» qu'ils lui faisoient : que ce même Dieu, dont
» ils imploroient la vengeance de l'injustice
» qu'ils prétendent avoir reçue, feroit voir si
» ce qu'il dit est véritable ou non : qu'on verroit
» aussi, par les secours qu'il donneroit, lequel
» des deux partis lui est le plus agréable, & qui
» est celui dont les armes sont les plus jus-
» tes «.

Quand les ambassadeurs se furent retirés, le
comte se mit en état de pouvoir attaquer les
Milanois, & ceux-ci se préparerent à la défense,
donnant pour cet effet, la conduite de cette

guerre à François & à Jacques Piccinino, qui leur étoient demeurés fidèles, à cause de l'ancienne animosité qui a toujours régné entre les Braccio & les Sforces. Les Milanois espéroient de se maintenir au moins jusqu'à ce qu'ils eussent détaché les Vénitiens des intérêts du comte, dont ils ne pouvoient pas croire que cette république pût être long-tems amie. Le comte qui avoit bien cette même pensée, crut qu'il étoit de la prudence de se l'attacher par l'intérêt, si les traités n'étoient pas assez forts pour cela. C'est pourquoi, lorsqu'il fallut distribuer les différentes attaques, il voulut bien que les Vénitiens attaquassent Créme ; & pour lui, il devoit attaquer le reste de l'État avec les autres troupes.

Le comte ayant fermé les yeux aux Vénitiens par cette adresse, ils demeurerent unis avec lui assez de tems, pour qu'il pût se rendre maître de tout le Milanois, serrer la capitale même de si près, qu'ils ne pouvoient plus y faire entrer ce qui leur étoit nécessaire. Se voyant donc hors d'espérances de secours, ils envoyerent des ambassadeurs aux Vénitiens, pour les prier d'avoir compassion de leurs malheurs, & pour les faire résoudre à soutenir leur liberté, comme doit faire une république envers une autre, plutôt que de la laisser opprimer par un tyran, qu'il ne sera pas aisé après cela de tenir en bride, comme ils pourroient peut-être le souhaiter : qu'au reste, ils ne doivent pas s'imaginer qu'un tel homme veuille s'en tenir au traité fait avec eux ; & qu'infailliblement il voudra r'avoir toutes les anciennes dépendances du duché de Milan.

Comme les Vénitiens ne s'étoient pas encore rendus maîtres de Créme, qu'ils vouloient prendre devant que de changer de parti, ils donnerent une réponse publique aux ambassadeurs, par laquelle ils marquoient, qu'étant en alliance avec le comte, ils ne pouvoient pas leur accorder du secours ; mais dans le particulier, ils les entretinrent de maniere, que pouvant faire fond sur un bon succès, ils eurent lieu d'en donner des assurances à leurs supérieurs. Le comte étoit déjà si près de Milan, qu'il en battoit les faux-bourgs : de sorte que les Vénitiens, se voyant maîtres de Créme, crurent qu'il ne falloit pas différer plus long-tems à se joindre avec les Milanois, faisant un traité avec eux, dont les premiers articles étoient une promesse formelle de défendre leur liberté. Si-tôt que ce traité fut conclu, ils commanderent à leurs ministres, qu'ils tenoient auprès du comte, d'en prendre inces-

samment congé, & de venir dans leur camp.
Ils lui firent part aussi de la paix qu'ils venoient
de faire avec les Milanois, & lui donnèrent
vingt jours de tems pour la ratifier.

Ce changement des Vénitiens ne surprit point
le comte, parce qu'il l'avoit prévu beaucoup
auparavant, & qu'il craignoit de le voir arriver
de jour en jour. Il ne put néanmoins s'empêcher d'en ressentir une aussi vive douleur, que
celle que les Milanois avoient eue du tems de
sa révolte contre eux. Dès qu'il vit que c'étoit
une chose faite, il demanda deux jours de terme
aux ambassadeurs des Vénitiens pour leur rendre
réponse, pendant lesquels il résolut d'amuser la
république, & de ne point discontinuer son
entreprise : c'est pouquoi il disoit en public,
qu'il vouloit accepter la paix ; & là-dessus il
envoye ses ambassadeurs à Venise, avec ample
pouvoir de la ratifier : mais en particulier, il
leur avoit commandé de n'en rien faire, & de
rechercher mille méchantes raisons, & des prétextes plausibles, pour en différer la conclusion.
De plus, afin de persuader les Vénitiens de
la sincérité de ses paroles, il fit tréve pour un
mois avec les Milanois, & s'éloigna de leur
ville, distribuant ses troupes dans les garnisons
qu'il avoit dans leur voisinage.

Cette fine conduite fut la cause qu'il vint à bout de ses desseins, & de la perte des Milanois; parce que voyant la trêve faite, l'ennemi éloigné; & les Vénitiens dans leur alliance, ils crurent que le comte ne pensoit plus à eux. Les Vénitiens aussi, se confiant sur la paix, négligerent les préparatifs de la guerre. Mais cette pensée fit un double préjudice aux assiégés. Le premier fut, de ne se pas préparer comme il falloit à une vigoureuse défense; l'autre fut qu'ayant semé beaucoup de grain dans le pays dont les troupes s'étoient retirées, ils donnerent lieu au comte de les affamer aisément. Lui de son côté, savoit bien tirer son avantage de toutes les fautes de ses ennemis, & se servir de ce délai, pour se rafraîchir lui & ses troupes, & pour se fortifier de tout ce qui lui manquoit.

Les Florentins ne s'étoient déclarés pour aucun parti dans cette guerre de Lombardie, & ils n'avoient en rien aidé le comte, ni lorsqu'il étoit pour les Milanois, ni dans la suite; parce que n'ayant point eu besoin de secours, il ne leur en avoit point demandé. Ils avoient seulement envoyé quelque renfort aux Vénitiens après qu'ils eurent été battus à Caravage, afin de satisfaire au traité de ligue qu'ils avoient fait ensemble. Mais le comte étant demeuré seul , & n'ayant aucune ressource d'ailleurs , il fut obligé de demander du secours aux Flore-tins , en public à la seigneurie , & en particu-lier à ses meilleurs amis , & sur-tout à Cosme de Médicis , avec qui il avoit entretenu une bonne amitié , & qui lui avoit toujours donné de bons avis dans ses entreprises , & fourni abondamment à ses besoins. Il ne lui manqua pas non plus dans celui-ci , qui étoit pressant ; mais il l'aida comme particulier , & l'encoura-gea à pousser ses desseins. Il fit même ce qu'il put pour le faire secourir par l'Etat ; mais il s'y trouva des difficultés.

Neri de Gino Caponi , qui avoit extrême-ment de crédit à Florence , ne trouva pas qu'il fût de l'intérêt de la république que le comte devînt maître de Milan , & il croyoit qu'il étoit plus avantageux au repos de l'Italie de lui faire ratifier la paix , que de lui laisser continuer la guerre. Sa premiere raison , étoit , « qu'il arri-» veroit que les Milanois , désespérés contre le » comte , se donneroient aux Vénitiens ; ce qui » étoit la ruine de toute l'Italie. Ensuite, quand » même il viendroit à conquérir ce duché , » il lui sembloit que tant de troupes & de » domaines joints ensemble étoient formidables :
» &

» & si, pendant qu'il n'étoit que comte, il se
» rendoit insupportable, que seroit-ce quand il
» seroit devenu duc ? » Il soutenoit donc, qu'il
étoit de l'intérét de la république & de toute
l'Italie, que l'on obligeât le comte à se contenter de sa grande réputation dans la guerre; qu'on
laissât la Lombardie se partager en deux républiques, qui ne se ligueroient jamais au préjudice des autres Etats, & qui ne leur pourroient
jamais nuire étant séparées. Pour parvenir à
ces fins, Caponi concluoit, *qu'il n'y avoit
point de meilleur expédient, que de ne point secourir le comte, & d'entretenir l'ancienne ligue avec
les Vénitiens.*

Ces raisons n'étoient point goûtées par les
amis de Médicis, parce qu'ils croyoient qu'elles
étoient employées par Caponi, non par la
pensée qu'il eût que c'étoit le bien du public ;
mais pour empecher que le comte ne devînt
duc, parce qu'étant grand ami de Médicis, il
lui sembloit que cela augmenteroit beaucoup
son crédit. Médicis, de son côté, soutenoit
aussi par ses raisons, qu'il étoit utile à la république, & avantageux à l'Italie, de secourir le
comte, parce qu'il étoit mal-à-propos de croire
que les Milanois pussent vivre en liberté, les
qualités des habitans, leur maniere de vivre, &

Tome V.

R

les anciennes factions qui regnoient parmi eux,
ne permettant pas qu'ils pussent introduire chez
eux aucune espece de république : qu'ainsi il
falloit que le comte , ou que les Vénitiens , en
devissent les maîtres : & en tel cas, il n'y avoit
personne si stupide , qui ne vît bien lequel étoit
le plus avantageux, d'avoir pour voisin un prince
puissant , à la vérité , mais ami ; ou d'en avoir
un très - puissant , & ennemi : qu'il ne croyoit
pas non plus qu'on dût appréhender que la guerre
avec le comte poussât les Milanois à se donner
aux Vénitiens , parce que le premier avoit son
parti dans la ville , & que les autres n'y en
avoient point : desorte que quand ils ne pour-
ront pas conserver leur liberté, ils se soumet-
tront plutôt au comte , qu'aux Vénitiens.

Cette diversité d'avis tint long-tems la ville
en suspens. Enfin, l'on conclut d'envoyer des
ambassadeurs au comte, pour chercher les
moyens de faire un traité, avec ordre de le conclure, s'ils voyoient le comte assez puissant pour
espérer la victoire ; mais s'ils ne le voyoient pas
en état, qu'ils tirassent en longueur par adresse.
Ces ambassadeurs n'étoient encore qu'à Reggio,
lorsqu'ils apprirent que le comte s'étoit rendu
maître de Milan ; car dès que la trêve fut finie,
il s'approcha & serra de près la ville, espé-

ʳant d'y entrer bientôt, en dépit des Vénitiens,
parce qu'ils ne pouvoient pas y jetter du secours,
que du côté de l'Adda, dont il lui étoit facile
de leur empêcher le passage. Il ne craignoit pas
non plus qu'ils vinssent camper près de la ville,
à cause de l'hiver. Il espéroit aussi d'en venir
à bout avant la fin de cette saison, sur-tout
depuis que François Piccinino étant mort, il
ne restoit plus que Jacques son frere qui commandoit la milice des Milanois.

Les Vénitiens avoient envoyé un ambassadeur à Milan, pour les encourager à se bien
défendre, en leur promettant un grand & prompt
secours. Pendant que l'hiver dura, il y eut quelques escarmouches entre les troupes du comte
& celles des Vénitiens : mais la douceur étant
venue, ils firent camper leur armée sur l'Adda,
sous le commandement de Pandolfe Malatesta.
Là ils consulterent s'ils devoient, pour secourir
Milan, attaquer le comte, & tenter la fortune
du combat. Leur général n'en fut pas d'avis,
connoissant la valeur de Sforce & de ses troupes. Sa pensée donc étoit, que sans combattre,
on remporteroit surement l'avantage que l'on
demandoit, parce que le manque de fourage &
de bled chasseroit le comte : qu'ainsi il falloit
demeurer toujours dans ce campement-là, parce

que les Milanois, voyant le secours si proche, ne se rendroient pas à l'ennemi.

Ce conseil fut approuvé des Vénitiens, tant parce qu'ils le voyoient le plus sûr, que parce que tenant toujours les Milanois dans la nécessité, ils seroient enfin contraints de se donner à eux, dans la pensée que jamais ils ne pourroient se résoudre à devenir sujets du comte, après tous les mauvais traitemens qu'ils en avoient reçus. Cependant ils étoient réduits à la derniere extrémité, parce que cette ville étant naturellement remplie de pauvres, ils mouroient de faim dans les rues mêmes; ce qui faisoit naître des bruits & des plaintes en différens quartiers de la ville; & cela donnoit beaucoup d'appréhension aux magistrats, qui donnoient tous les ordres possibles pour empêcher les assemblées. Une populace ne se dispose pas facilement à la sédition; mais quand elle y est une fois disposée, le premier accident la met aisément en mouvement. Comme donc deux hommes d'assez basse condition raisonnoient ensemble, auprès de la Porte Neuve, du mauvais état de la ville, & de leurs miseres, & quels moyens il seroit à propos d'employer pour la conservation de l'Etat, d'autres se joignirent à eux, jusque-là, que la troupe se grossit; ensorte qu'il se répandit un bruit par la ville, que les habitans de la Porte Neuve avoient pris les armes contre les Magistrats. La populace, qui n'attendoit que l'occasion de faire une émeute, prit les armes, se mit sous la conduite d'un chef, nommé Gaspard de Vicomercato, & s'en alla au lieu où les magistrats étoient assemblés. Tous ces gens-là entrerent avec une telle furie, qu'ils tuerent tous ceux qui ne purent pas se sauver par la fuite. Léonard Veneto, ambassadeur de Venise, fut un de ceux qu'ils assommerent, le prenant pour la cause de leur extrême disette, & s'imaginant qu'il regardoit leur misere avec joie. Etant donc devenus comme les souverains de la ville, ils consulterent ensemble sur ce qu'il y avoit à faire pour sortir de ces miseres & se procurer du repos : & tous conclurent, que ne pouvant pas se maintenir en liberté, il étoit nécessaire d'avoir recours à un prince qui put les défendre. Les uns vouloient appeller le roi Alfonse ; d'autres le duc de Savoie ; & d'autres le roi de France. Pour le comte, personne ne le proposa, tant étoient encore grands les ressentimens qu'on avoit contre lui. Cependant, comme l'on ne convenoit point des autres, Gaspard de Vicomercato fut le premier qui en parla. Il fit voir tout au long, » que si l'on

» vouloit se délivrer de la guerre, il n'y avoit
» point d'autre moyen pour cela, que de l'ap-
» peller, parce que la ville avoit besoin d'une
» paix prompte & assurée, n'étant pas en état
» d'attendre un secours éloigné. » Il adoucit
le plus qu'il put, par son discours, la conduite
du comte ; il chargea fort les Vénitiens & les
autres Potentats d'Italie, qui n'avoient pas voulu
leur procurer la liberté, les uns par ambition,
les autres par avarice : & puisqu'ils étoient
réduits à se donner un maître, il valoit mieux
en prendre un qui les sut défendre, que d'en
chercher d'autres, afin qu'au moins en tombant
dans l'esclavage, ils pussent jouir de la paix ;
en évitant une continuation de guerre plus pé-
rilleuse, & plus préjudiciable encore, qu'elle
n'avoit été jusqu'alors.

Cet homme fut écouté avec un grand silence ; & après qu'il eut fini de parler, tous s'écrierent d'une voix, qu'on appellât le comte. En
même tems ils députerent leur harangueur en
ambassade, pour lui offrir leur ville. Il alla donc
lui porter une si agréable & si heureuse nouvelle,
qui fut reçue de lui avec beaucoup d'agrément ;
desorte qu'il entra comme souverain dans Milan
le vingt-six de février de l'an mil quatre cent
cinquante, & il y fut reçu avec un applaudisse-

ment surprenant de ceux-là mêmes, qui un peu auparavant, l'avoient déchiré & outragé avec tant d'animosité.

Si-tôt que la nouvelle en fut arrivée à Florence, les ambassadeurs, qui étoient en chemin, eurent ordre, au lieu d'aller faire un traité avec le comte de Sforce, d'aller faire un compliment de congratulation au duc de Milan. Ce prince les reçut avec beaucoup d'honneur, sachant bien qu'il ne pouvoit pas avoir de plus fidèles ni de plus puissans amis en Italie pour le mettre à couvert de l'ambition des Vénitiens, que la république de Florence, qui de son côté, se voyant délivrée de l'ombrage que lui donnoit la maison des Visconti, appréhendoit d'avoir des démélés avec la maison d'Arragon & avec les Vénitiens. Les rois d'Arragon étoient ses ennemis, à cause de l'amitié que le peuple de Florence avoit eue de tout tems pour les François. Les Florentins voyant donc que la haine invétérée des Vénitiens contre les Visconti se renouvelloit dans la personne de Sforce, & se souvenant avec quelle animosité cette république les avoit persécutés, il ne doutoient point qu'elle ne fît la même chose contre le noveau duc ; desorte qu'ils cherchoient les moyens de la perdre. Tout cela fut cause que Sforce & les Florentins firent une alliance

étroite ensemble , & que les Vénitiens & le roi
Alfonse se liguérent contre leurs communs ennemis , & convinrent de faire en même tems la
guerre , les uns au duc de Milan , & le roi de
Naples aux Florentins. Les premiers s'imaginoient que le duc , étant nouvellement établi ,
ne pourroit pas se défendre contre eux , ni par
ses propres forces , ni par les secours qu'il
pourroit avoir d'ailleurs.

Mais parce que la ligue entre les deux républiques subsistoit toujours , & qu'après la guerre
de Piombino le roi Alfonse avoit fait la paix
avec les Florentins , ils crurent les uns & les
autres , qu'il n'étoit pas honnéte de rompre la
paix, si l'on ne trouvoit pas auparavant les moyens
de colorer la guerre par quelque spécieux prétexte. Sur cela , les uns & les autres envoyerent
à Florence des ambassadeurs , pour faire part
à la république de la ligue qu'ils venoient de
conclure ensemble , sans dessein , disoient - ils ,
*de maltraiter personne , mais seulement pour mettre
leurs Etats en sureté.* En même tems l'ambassadeur de Venise fit des plaintes à la seigneurie , de
ce qu'on avoit donné passage à Alexandre ,
frere du duc Sforce , par Laniguiane , afin qu'il
pût mener des troupes en Lombardie ; que de
plus la république avoit conseillé & moyenné

le traité fait entre le duc de Milan & le marquis de Mantouë ; que tout cela étoit contre l'intérêt de ses maîtres, & contre l'alliance qu'on avoit les uns avec les autres ; qu'il étoit donc obligé de les avertir en bonne amitié, « que » quand l'on choque ses amis sans raison, l'on » leur donne lieu d'en avoir un juste ressenti- » ment ; & que quand l'on rompt la paix, l'on » doit s'attendre à la guerre «. La seigneurie ordonna à Médicis de répondre à cet ambassadeur.

Pour donc s'acquitter de cette commission, il repassa par un long & sage discours, sur tous les bienfaits & tous les bons offices que la république avoit rendus aux Vénitiens, leur remontrant quel grand domaine ils avoient acquis par les finances, les secours, & les conseils des Florentins, qui ayant été les auteurs de leur union & de leur alliance, ils ne seroient jamais la cause de leur mesintelligence : qu'ayant toujours aimé la paix, il étoit impossible qu'ils n'approuvassent pas la ligue que ses maîtres venoient de faire avec le roi Alfonse, puisqu'elle n'avoit pour but que la conservation de la paix : que cependant, ils s'étonnoient des plaintes que les Vénitiens leur faisoient, & de ce qu'un Etat si puissant s'attachoit à des choses

si légères & de si peu de conséquence, que celles dont il étoit question à présent. Si néanmoins on trouvoit qu'elles méritassent d'être relevées, ils étoient bien aises de faire savoir à tout le monde, » que les Florentins préten-
» doient que leur pays fût ouvert à tous ceux
» qui voudroient y passer, & que le duc de
» Milan avoit assez de conduite & assez de sages-
» se, pour faire un traité avec un marquis de
» Mantouë, sans leurs conseils & leur crédit :
» qu'ainsi ils avoient lieu de croire, que sous
» ces plaintes, il y avoit quelques venin caché :
» que si cela étoit, l'on fera connoître aisément
» à toute la terre, qu'il est aussi dangereux
» d'avoir les Florentins pour ennemis, qu'il
» est utile de les avoir pour amis «.

Cette affaire n'eut pas de suite pour l'heure, & il parut que les ambassadeurs s'en retourne-rent fort satisfaits. Néanmoins cette ligue con-clue, & la conduite des Vénitiens & du roi, donnoient lieu aux Florentins, & au duc de Milan, de s'attendre plutôt à une nouvelle guerre, qu'à l'espérance d'une paix solide. Ainsi, la république se ligua avec le duc ; & cependant l'on découvrit les mauvaises intentions des Véni-tiens, qui firent un traité avec les Siennois, & chasserent les Florentins & tous leurs sujets des

terres de leur domination. Peu de tems après
le roi Alfonse en fit autant, sans avoir égard
à la paix qu'il avoit faite l'année précédente,
& sans en avoir le moindre sujet, ni même
prétexte. Les Vénitiens tâcherent aussi de mettre
Boulogne dans leurs intérêts; & donnant des
forces aux exilés de cette ville-là, ils les firent
entrer dedans, la nuit par les égouts qui sont
sous terre. L'on ne s'apperçut point de leur
entrée, que lorsqu'ils commencerent les premiers
à donner l'allarme; & le bruit ayant éveillé
Santi, il entendit que toute la ville étoit entre
les mains des rebelles. Quoique plusieurs lui
conseillassent de sauver sa vie par la fuite, puisque demeurant, il ne pouvoit pas conserver l'Etat,
il voulut néanmoins s'opposer à sa mauvaise fortune; & prenant les armes, il encouragea ses
gens, fit tête aux rebelles avec quelques amis,
en attaqua une partie qu'il mit en déroute, les
tua & chassa le reste hors de la ville : desorte
que chacun trouva que Santi avoit donné une
éclatante preuve qu'il étoit du sang des Bentivoglio, ou qu'au moins il en devoit être.

. Toute cette conduite & ces menées, persuaderent entièrement les Florentins qu'ils auroient
bientôt la guerre. Ils reprirent donc leur vieille
méthode pour se mettre en état de défense,

firent le magistrat des dix, prirent à leurs gages de nouveaux généraux, envoyerent des ambassadeurs à Rome, à Naples, à Venise, à Milan & à Sienne, pour demander du secours aux alliés, pour s'éclaircir sur ceux qui leur étoient suspects, pour gagner ceux qui n'étoient pas encore déclarés' & pour pénétrer les desseins de leurs ennemis. L'on ne put tirer du Pape que des paroles vagues & de grandes exhortations à la paix. Le roi ne paya que de vaines défaites sur ce qu'il avoit chassé les sujets de la république, offrant de donner des saufconduits à tous ceux qui lui en demandoient; & quelque soin qu'il prît pour cacher ses desseins pour la guerre, les ambassadeurs ne laisserent pas de pénétrer dans ses mauvaises intentions, découvrirent plusieurs des préparatifs qu'il faisoit, pour se mettre en état de nuire, autant qu'il pourroit, aux Florentins. "L'on serra encore de plus près les nœuds de la ligue avec le duc de Milan ; & par son entremise, l'on fit une alliance avec les Génois, en accommodant tous les démélés qu'on avoit les uns avec les autres sur des représailles & sur d'autres différens. Les Vénitiens firent tout ce qu'ils purent pour traverser cet accommodement, sans oublier de faire prier l'Empereur de Constantinople de chasser les Florentins de son Empire ; car il est vrai qu'ils entrerent dans cette guerre-ici avec une animosité surprenante, tant la passion de dominer s'étoit emparée de leur esprit, jusqu'à vouloir entièrement détruire une république à qui ils étoient redevables de leur grandeur : mais l'Empereur les refusa. Les ambassadeurs que Florence envoyoit aux Vénitiens reçurent ordre du Sénat de ne pas mettre les pieds sur leurs terres, disant, » qu'étant en » alliance avec le roi, ils ne pouvoient leur » donner audience sans sa participation. » La ville de Sienne reçut ceux qu'on lui envoyoit avec de bonnes paroles, appréhendant d'être perdus avant que la ligue pût les secourir : desorte qu'ils jugerent à propos d'endormir une puissance, qu'ils n'avoient pas la force de soutenir.

Selon qu'on le put conjecturer pour lors, les Vénitiens & le roi, ayant dessein de justifier la guerre qu'ils vouloient faire, envoyerent des ambassadeurs à Florence : mais comme l'on ne voulut pas les laisser entrer sur les terres de la république, celui de Venise, & celui du roi, ne voulant pas faire lui seul la charge qu'on leur avoit donnée à tous deux, cette ambassade ne fut point menée à sa fin ; ce qui fit connoître aux Vénitiens, que les Florentins savoient bien leur rendre les mêmes marques de mépris qu'ils leur avoient données quelques mois auparavant.

Pendant que chacun étoit dans l'appréhension de toutes ces nouvelles brouilleries, l'Empereur Frédéric III passa en Italie pour se faire couronner, & le trentieme de janvier de l'an mil quatre cent cinquante-un il fit son entrée dans Florence, avec quinze cens chevaux, étant reçu par la seigneurie avec tous les honneurs imaginables. Ce prince séjourna dans la ville jusqu'au sixieme de février, qu'il en partit pour aller prendre la couronne à Rome. Son couronnement y ayant été fait solemnellement, aussi bien que son mariage avec l'Impératrice, qui y étoit venue par mer, il s'en retourna en Allemagne; & au mois de mai il repassa à Florence, où l'on lui fit les mêmes honneurs, qu'à son entrée. Puis ayant été régalé sur sa route par le marquis de Ferrare, il lui donna Modene & Reggio pour le dédommager.

Dans le même tems, les Florentins ne manquerent pas de se préparer pour la guerre, qui étoit bien près d'éclore; & afin de donner de la réputation à leurs affaires, & de la terreur à leurs ennemis, eux & le duc firent une alliance avec le roi de France, pour mieux mettre leurs Etats en défense, & ils en firent un grand éclat par toute l'Italie, & une grande parade, avec beaucoup de magnificence & de marques de joie.

L'on étoit alors au mois de mai de l'an mil quatre cent cinquante-deux ; & les Vénitiens ne jugeant pas à propos de différer davantage la guerre contre le duc de Milan, ils l'attaquerent du côté de Lodi, avec seize mille chevaux & six mille hommes de pied. Dans le même tems le marquis de Montferrat l'attaqua aussi du côté d'Alexandrie, soit par ambition, soit parce qu'il y fut porté par les Vénitiens. Le duc, d'autre côté, avoit fait une armée de dix-huit mille chevaux & de trois mille Fantassins ; & après avoir muni Alexandrie, Lodi, & tous les autres endroits par où les ennemis pouvoient l'attaquer, il donna avec tout son monde sur le pays de Bresce, où il endommagea extrêmement les Vénitiens, & de tous côtés l'on pilloit les pays des uns & des autres, & l'on s'accageoit les pauvres villages. Mais le marquis de Monferrat ayant été défait à Alexandrie par les gens du duc, il lui fut facile, après cette victoire, de s'opposer aux Vénitiens, & d'attaquer leur pays avec plus de forces.

Pendant que la guerre se faisoit en Lombardie avec différens succès, très-peu dignes d'être remarqués, le roi Alfonse & les Florentins la faisoient aussi en Toscane, à peu près sur même pied. Ferrand, fils naturel d'Alfonse, étoit venu en Toscane avec douze mille hommes, commandés par Frédéric, seigneur d'Urbin. Leur premier exploit fut d'attaquer Foiano dans le val de Quiana, parce qu'ayant pour amis les habitans de Sienne, ils entrerent par-là sur les terres des Florentins. Ce château étoit foible & petit, par conséquent ayant peu de garnison ; mais elle étoit composée de gens, qui dans ces tems-là, passoient pour braves & fidèles ; ils n'étoient qu'au nombre de deux cens, la seigneurie n'y en ayant pas envoyé davantage. Ce fut devant un tel château que Ferrand mit le siége, & la valeur des assiégés fut si grande, ou celle de l'assiégeant fut si petite, qu'il employa trente six jours pour s'en rendre le maître. Ce long intervalle donna le tems à la république de mieux pourvoir aux endroits de plus grande conséquence, de rassembler ses troupes, & de se mettre en meilleure défense qu'elle n'étoit.

Après que l'ennemi eut pris ce château, il passa dans le Quianti, où ils ne purent pas prendre deux petites terres qui appartenoient à des bourgeois de la ville. Les ayant donc laissées derriere, ils allerent assiéger Castelline, qui est

un

un château sur les frontières du Quianti, proche de Sienne d'environ dix milles, mais fort peu de chose à l'égard des fortifications, & encore plus foible de situation. Cependant cette misérable armée fut encore plus piétre que tout cela ; & après un siége de quarante-quatre jours, elle décampa de-là avec la derniere infamie : car il est vrai que les armées d'alors étoient si peu formidables, & les guerres si peu d'angereuses, que les postes, qu'on abandonne aujourd'hui comme impossibles à défendre, se défendoient dans ces tems-là comme des places imprenables.

Pendant que Ferrand demeura dans le Quianti avec son armée, il fit plusieurs courses & du butin sur les terres de la république, & il vint jusqu'à six milles près de Florence, avec assez de terreur & de pertes pour les habitans, qui avoient pris à leurs gages huit mille hommes, sous la conduite d'Astorre de Fayence & de Sigismond Malatesti ; mais ils les tenoient vers le château de Collé, loin de l'ennemi, afin de n'être pas obligés d'en venir à une bataille, jugeant bien qu'en ne la perdant point, ils ne pouvoient pas succomber dans cette guerre, parce que les petits châteaux se restituent par un traité de paix ; & pour les places de conséquence, ils dormoient en repos, sachant bien qu'on ne les attaqueroit pas.

Outre cette armée, le roi Alfonse avoit une flotte de vingt bâtimens, tant en galéres, qu'en flûtes, sur la mer de Pise. Pendant donc qu'il tenoit Castelline assiégée par terre, il alla avec sa flotte attaquer la Roqué de Vada, dont il se rendit maître par la négligence du Châtellain. Cela fut cause que les ennemis incommoderent depuis le pays circonvoisin : mais l'on se délivra de ce chagrin, en envoyant des soldats à Campiglia, qui repousserent les ennemis vers la marine.

Le pape ne s'intéressoit dans toutes ces brouilleries, qu'autant qu'il croyoit que cela étoit nécessaire pour mettre les parties d'accord. Ce Pontife ne vouloit pas entrer dans les guerres étrangères ; mais il fut sur le point d'en essuyer une chez lui-même, qui étoit bien plus dangereuse. Il y avoit dans ce tems-là un particulier à Rome nommé Etienne Porcari, noble par sa naissance & par son savoir, mais encore bien plus par la grandeur de son mérite. Cet homme souhaittoit de faire quelque chose qui fût digne d'aller jusqu'à la postérité, comme il est naturel aux gens qui sont amoureux de la gloire. Il crut donc qu'il ne pouvoit pas former un dessein plus glorieux que de délivrer sa patrie de la main des prêtres, & de la remettre dans son ancienne liberté, se flattant, qu'en cas que cela réussit, il seroit appellé le nouveau fondateur & le second pere de Rome. La corruption des ecclésiastiques, & le mécontentement de la noblesse & du peuple Romain lui donnoient lieu d'espérer un bon succès ; mais sur-tout, il fondoit ses espérances sur les vers de Petrarque, dans la chanson qui commence, esprit noble, où le poëte dit (1) :

Un jour viendra, qu'à Rome un Cavalier,
Considéré dans toute l'Italie,
Négligera son bien particulier,
Pour procurer celui de sa patrie.

Porcari n'ignoroit pas que les poëtes sont quelquefois remplis de l'esprit de prophétie ; & il en étoit si persuadé dans cette rencontre, qu'à tout moment il croyoit être sur le point de voir accomplir ce que Petrarque prédit dans

---

(1) Sopra il monte Torpeio Canzor vedrai
    Un Cavalier ch'Italia tutta honora,
    Pensoso più d'altrui, che di se stesso.

cette chanson, & que c'étoit lui qui devoit le
mettre en exécution, parce que, quand il se
comparoit avec les autres Romains, il n'en voyoit
aucun qui dût entrer en concurrence avec lui,
soit qu'on le regardât du côté de l'éloquence,
ou de celui du savoir, ou que l'on fît réflexion
sur son crédit, & sur la quantité d'amis qu'il
avoit.

S'étant donc mis cette pensée dans l'esprit, il
ne put si bien faire que dans ses discours, dans
ses conversations, & dans ses manières d'agir,
il ne découvrît ce qui lui tenoit tant au cœur,
& ne se rendît suspect au pape, qui pour s'assurer
de lui, & prévenir le mal qu'il pourroit faire,
le relégua à Boulogne, & commanda au gouverneur qu'il l'obligeât à se présenter tous les jours
devant lui. Ce premier obstacle n'étonna pas
Porcari; au contraire, il n'en fut que plus animé
à rechercher les moyens d'exécuter son dessein;
& employant toute la précaution possible, il
entretenoit correspondance avec ses amis: il fit
même plusieurs allées & venues à Rome, avec
une si prodigieuse promptitude, qu'il étoit toujours retourné assez-tôt pour se représenter au
gouverneur dans les tems marqués. Quand donc il
vit qu'il avoit assez mis de gens dans son parti,
il résolut de ne pas différer davantage l'exécu-

tion de cette entreprise ; & pour cet effet, il donna charge à ses amis qui étoient à Rome, qu'à certain jour & heure marqués ils fissent un souper splendide, où ils invitassent tous les conjurés, avec ordre à chacun d'amener ses plus particuliers amis, leur promettant, au reste, de les aller trouver avant que le repas fût fini.

Tout ayant été réglé selon les ordes de Porcari, lui-même se trouva dans la maison où l'on soupoit; desorte que, sur la fin du repas, il parut tout d'un coup au milieu des conjurés, étant habillé de drap d'or, avec des chaînes & des ornemens qui lui donnoient un air majestueux & d'autorité; & ayant embrassé tout le monde, il leur fit un long discours, & les anima à exécuter résolument une entreprise si glorieuse. Ensuite, il les partagea en deux troupes, ordonnant que l'une d'elles s'emparât dès le lendemain matin du palais du pape, & que l'autre allât par la ville exciter le peuple à prendre les armes. Mais le pape ayant eu connoissance de la chose dès la nuit même, soit parce que quelqu'un des conjurés l'eût révélée, soit parce qu'on eût du soupçon de ce qu'on sut que Porcari étoit arrivé en ville; quoiqu'il en soit, l'ordre fut donné de le prendre : desorte qu'on se saisit de lui & de la plupart de ses complices, qu'on fit mourir, comme ils le devoient attendre. Voilà comment se termina cette grande entreprise ; & si l'on peut donner quelque louange à son auteur sur les bonnes intentions qu'il avoit, l'on le blâmera toujours d'avoir manqué de jugement, parce que des choses de telle nature, si elles paroissent glorieuses dans le projet, elles entraînent presque toujours avec elles une ruine assurée.

La guerre avoit déjà duré en Toscane près d'un an, & la saison de la campagne de mil quatre cent cinquante-trois étoit déjà commencée, lorsque le seigneur Alexandre Sforce, frere du duc de Milan, vint au secours des Florentins avec deux mille chevaux ; desorte que leur armée étant augmentée par cette venue, & celle du roi de Naples diminuée, ils crurent qu'il falloit reprendre ce qu'ils avoient perdu ; & sans beaucoup de peine, ils rentrerent dans quelques places. Ensuite ils allerent assiéger Foiano : mais le peu de soin des commissaires fut cause que le lieu fut pillé ; & les habitans l'ayant abadonné, ils eurent bien de la peine à revenir le peupler, encore fallut-il les y obliger par des récompenses & par des exemptions. L'on reprit encore la forteresse de Vada, parce que les ennemis l'abandonnerent & la brûlerent, n'espérant pas de pouvoir la garder.

Pendant que l'armée des Florentins faisoit ces progrès, celle du roi, n'osant pas s'approcher de l'ennemi, s'étoit retirée auprès de Sienne, & souvent elle faisoit des courses sur les terres de la République, où elle pilloit, faisoit du bruit, & donnoit de grandes allarmes. Le roi lui-même cherchoit tous les moyens d'attaquer son ennemi par quelqu'endroit, qui l'obligeât de partager ses forces; & il tâchoit de lui faire de nouvelles affaires & de nouveaux desseins sur lui, qui diminuassent un peu son courage. Gerard Gambatorti étoit alors seigneur du Val de Bagno. Ce seigneur & ses ancêtres avoient toujours été au service des Florentins, ou sous leur protection. Le roi Alfonse traita avec lui pour qu'il lui remît entre les mains sa seigneurie, à la charge de lui en rendre une autre dans le royaume de Naples. Cette trame fut sue à Florence, & on envoya un ambassadeur à Gambatorti, pour découvrir son penchant, & pour l'exhorter à se souvenir des obligations que ses ancêtres & lui avoient à la république, & à lui demeurer fidele. Cet homme témoigna, à ce discours, d'être fort surpris, & affirma avec des sermens très-forts, que jamais une pensée si criminelle ne lui étoit tombée dans l'esprit, & qu'il iroit volontiers à Florence, pour servir lui-même de garand de sa fidélité ; mais qu'étant indisposé , il feroit faire par son fils ce qu'il ne pouvoit faire lui-même : & l'ayant mis entre les mains de l'ambassadeur , il le pria de l'emmener pour ôtage avec lui. Ce discours & ces offres firent croire aux Florentins qu'il disoit la vérité , & que son accusateur l'avoit calomnié ; desorte qu'ils se reposerent sur cette pensée,

Mais Gambatorti pressa avec plus d'instance qu'auparavant son traité avec le roi, qui, dès qu'il fut conclu, envoya au Val de Bagno, frere Puccio , chevalier de Saint Jean de Jérusalem (1), avec assez de troupes pour entrer en possession des forteresses & des places de ce seigneur-là. Mais les peuples du pays étant affectionnés à la république , ne promettoient qu'avec chagrin, aux commissaires du roi, de lui garder l'obéissance & la fidélité. Le chevalier Puccio avoit déjà pris possession de tout cet Etat, à la réserve de la forteresse de Corzano. Or pendant que Gambatorti remettoit toutes ces places entre les mains du chevalier, il avoit, entr'autres personnes , auprès de lui, un jeune homme coura-

____

(1) Ce sont ceux que l'on appelle à-présent Chevaliers de Malthe.

geux, nommé Antoine Gualandi Pisono, qui ne pouvoit souffrir cette trahison; & ayant considéré la situation du lieu, & les gens qui étoient dedans, dont il remarqua le mécontentement, & dans leurs gestes, & sur leur visage, il se tourna au-dedans du château pendant que Gambatorti y faisoit entrer les Arragonois, & il le repoussa de ses deux mains hors de l'entrée, commandant au corps de garde de fermer la porte au nez de ce scélérat, & exhortant la garnison de demeurer fidele à la république.

Si-tôt que ce bruit fut répandu dans Bagno & dans les lieux voisins, tous les gens du pays prirent les armes contre les Arragonois, & arborant l'étendart de la république, ils les chasserent tous. La nouvelle de tout ceci étant arrivée à Florence, l'on mit en prison le fils de Gambatorti, qu'on tenoit en ôtage, & l'on envoya à Bagno des troupes pour garder le pays au nom de la république, ayant réduit cette petite principauté en bailliage. Mais ce malheureux, qui avoit été traître & à son souverain, & à son fils, avoit eu assez de peine à se sauver, abandonnant sa femme & sa famille, avec tout son bien, à la discrétion des ses ennemis.

Cet accident fit grand bruit à Florence; car s'il fut arrivé que le roi fût devenu maître de ce pays, il eut pu facilement, & à son aise, faire des courses dans le Val de Tevere & dans le Casentin, où ce prince auroit tellement chagriné & fait diversion des forces des Florentins, qu'ils n'auroient pu les opposer toutes entieres à son armée qu'il avoit auprès de Sienne. Outre les préparatifs que les Florentins avoient faits en Italie pour s'opposer à toute la puissance de la ligue ennemie, ils avoient envoyé Agnolo Acciaiuoli leur ambassadeur vers le roi de France, afin de faire un traité avec lui, pour qu'il donnât le pouvoir au roi René d'Anjou de venir en Italie au secours du duc de Milan & de leur république, afin qu'après avoir défendu ses amis, il pût penser ensuite à se rendre maître du royaume de Naples; &, pour cet effet, ils lui promettoient des secours d'hommes & d'argent.

Pendant que la guerre se faisoit en Toscane & en Lombardie de la maniere que nous venons de faire voir, l'ambassadeur de la république conclut son traité avec le roi René, dont les clauses étoient : « Qu'il viendroit en Italie dans » tout le mois de juin, avec deux mille quatre cents » chevaux ; qu'à son arrivée dans Alexandrie, les » alliés lui donneroient trente mille florins ; & » que tant que la guerre dureroit, on lui en

» donneroit dix mille par mois «. Comme donc ce prince vouloit, en vertu de ce traité, passer en Italie, il fut retenu par le duc de Savoie & le marquis de Montferrat, qui étoient alliés des Vénitiens. Mais l'ambassadeur de Florence lui conseilla de retourner en Provence, & de passer par mer en Italie, avec ce qu'il pourroit de ses gens, afin de donner de la réputation à ses amis, & que, de l'autre côté, il fit solliciter vivement le roi de France d'obliger le duc de Savoie à laisser passer le reste de ses troupes par son pays. Tout cela fut exécuté selon le conseil de cet ambassadeur ; car le roi René passa par mer en Italie, & le duc de Savoie laissa passer son monde chez lui, afin de ne pas désobliger le roi de France. Le duc de Milan reçut avec tous les honneurs imaginables le roi René ; & les François s'étant joints aux Italiens, l'on attaqua avec tant de furie les Vénitiens, qu'on reprit en fort peu de tems toutes les places qu'ils avoient conquises dans le pays de Crémone : & outre cela, ils s'emparerent presque de tout le Brescian, ensorte que l'armée Vénitienne, ne se trouvant pas en sureté dans la campagne, s'étoit retirée sous les murailles de Bresce. Comme donc l'on étoit à Vérone, le duc de Milan crut qu'il falloit mettre ses troupes dans les quartiers d'hiver , & il donna Plaisance au roi René , afin d'y prendre ses logemens. Ainsi ayant passé l'hiver sans rien faire, quand la belle saison fut venue, & qu'on croyoit que le duc s'alloit mettre en campagne pour dépouiller les Vénitiens de leur Etat de terre-ferme, tout-d'un-coup le roi lui fit entendre qu'il étoit obligé de retourner en France.

Cette résolution fut une nouveauté & une surprise au duc, qui le chagrina extrêmement ; & quoiqu'il allât promptement pour dissuader ce prince d'une telle pensée , il ne put jamais , ni par ses prieres , ni par ses promesses, lui faire changer de dessein. Le roi lui promit seulement de lui laisser une partie de son monde, & de lui envoyer ensuite le prince Jean d'Anjou son fils , afin qu'il continuât à secourir la ligue en sa place. Ce départ ne déplut point aux Florentins , parce qu'ayant reconquis leurs places , ils ne craignoient plus le roi de Naples. D'autre côté, ils ne souhait-toient pas que le duc de Milan fît d'autres conquêtes en Italie , que celles des places dépendantes de son duché.

Le roi René s'en alla , & envoya son fils , comme il l'avoit promis , qui , ne s'arrêtant pas en Lombardie , vint à Florence , où il fut reçu avec de grands honneurs. Ce départ du roi fit pancher le duc de Milan à la paix ; & les Vénitiens, le roi Alfonse, & les Florentins, qui se trouvoient fatigués de la guerre, ne souhaittoient pas moins le repos que lui. Mais le pape, sur-tout, avoit toujours marqué fortement qu'il souhaittoit l'union entre tous les princes, parce que, dans cette même année, Mahomet, empereur des Turcs, avoit pris Constantinople & conquis toute la Grèce. Ces victoires allarmerent tous les chrétiens, principalement le pape & les Vénitiens, chacun d'eux s'imaginant déjà d'avoir ces armées-là sur les bras.

Le pape pria donc tous les potentats d'Italie qu'ils envoyassent auprès de lui des ambassadeurs, avec plein pouvoir de conclure une paix générale. Tous ces plénipotentiaires étant assemblés, chacun tâchoit de faire valoir ses droits ; ce qui fit naître beaucoup de difficultés dans le traité. Le roi de Naples vouloit que les Florentins lui rembourçassent les frais qu'il avoit faits dans la guerre ; les Florentins, au contraire, vouloient en être dédommagés eux-mêmes. Les Vénitiens demandoient Crémone au duc de Milan ; & lui leur demandoit Bergame, Bresce, & Crême. Il sembloit donc que tous ces obstacles fussent insurmontables. Cependant, ce qui à Rome parut fort difficile à faire par plusieurs, fut fini aisément entre les deux intéressés à Venise & à Milan ; car, pendant que les négociations étoient en train à Rome, ce duc & cette république s'accorderent le 9 d'avril mil quatre cent cinquante-quatre ; & par le traité, chacun rentra en possession de ce qu'il avoit avant la guerre, laissant au duc le pouvoir de reprendre les places que le duc de Savoie & le marquis de Montferrat avoient prises sur lui. Les autres princes d'Italie eurent un mois de tems pour ratifier le traité.

Le pape, les Florentins, la ville de Sienne, & les autres petits princes, le ratifierent dans le terme marqué ; &, outre cela, le duc & les républiques de Venise & de Florence firent une alliance entr'eux pour vingt-cinq ans. Il n'y eut que le roi Alfonse entre tous les princes d'Italie qui fut mécontent de cette paix, parce qu'il lui sembloit que sa réputation y souffroit beaucoup, puisqu'il n'y entroit que comme adhérent, & non comme partie principale. Cela le tint long-tems en suspens, ne voulant point s'expliquer. Mais le pape & les autres princes lui ayant envoyé plusieurs ambassades solemnelles, il acquiesça à leurs instances, sur-tout à celle du pape, & il entra dans l'alliance avec son fils, pour trente ans, faisant de plus une double parenté avec le duc de Milan, parce que chacun de ces deux princes donna sa fille en mariage au fils de l'autre. Mais afin qu'il restât toujours quelque semence de guerre en Italie, il ne voulut point traiter avec les alliés, qu'on ne lui eût donné le pouvoir de faire la guerre aux Génois, à Sigismond Malatesta (1), & Astorre, prince de Fayence.

Après ce traité conclu, Ferrand, fils du roi, s'en retourna de Sienne, où il étoit encore, & prit la route du royaume de Naples, n'ayant rien fait dans cette guerre, que perdre du monde, sans faire aucune conquête. Ainsi la paix générale étant conclue, l'on appréhendoit que le roi Alfonse la troublât, à cause de la haine qu'il avoit contre les Génois. Mais la chose alla autrement, parce que ce ne fut point le roi qui la troubla ouvertement ; mais les troupes mercénaires le firent comme cela étoit déjà arrivé autrefois.

Les Vénitiens, ayant fait la paix, avoient congédié Jacques Piccinino, leur général, qui, s'étant joint à d'autres chefs, passerent, sans dessein formé, dans la Romagne, & de-là dans le pays de Sienne, où Piccinino s'étant arrété, il fit la guerre à cette république, & lui prit quel-

______

(1) C'étoit le prince de Rimini.

ques places. Dans le commencement de ces troubles & de l'année mil quatre cent cinquante-cinq, le pape mourut, & eut pour successeur Calixte III. Ce pontife, voulant prévenir la guerre qui menaçoit d'éclore bientôt, envoya promptement son général Ventimiglia, avec ce qu'il put assembler de monde, & s'étant joint aux troupes de Florence & du duc de Milan, qui s'étoient aussi mis en peine d'étouffer cette guerre naissante, il s'en alla trouver Piccinino, & lui livra bataille auprès de Bolsene; & quoique Ventimiglia fût fait prisonnier, Piccinino eut du pire, & se retira comme en déroute à Castiglione de Pascaia; & si le roi Alfonse ne l'eût soutenu par l'argent qu'il lui envoya, il fut entierement succombé.

Ce secours de finances fit croire à tout le monde que Piccinino n'avoit excité ces nouveaux troubles, qu'à la sollicitation du roi Alfonse. Ce prince voyant bien qu'il étoit découvert, il voulut regagner la confiance des alliés, qu'il s'étoit aliénés par cette petite guerre. Il obligea donc Piccinino à rendre les places prises sur les Siennois, à condition que ceux-ci lui donneroient vingt mille florins; & l'accord étant fait, Alfonse reçut dans ses Etats ce général avec ses troupes.

Dans

Dans ces tems-là, quoique le pape fût occupé à réduire Piccinino à la raison, cela ne l'empêcha pas de penser à se mettre en état de secourir la chrétienté, qui s'en alloit succomber sous la puissance des Turcs. Il envoya donc chez tous les princes chrétiens des légats & des prédicateurs, pour les persuader, avec leurs peuples, de prendre les armes pour la défense de leur religion, de leurs personnes, & de leurs trésors contre l'ennemi commun. Ainsi, à Florence, beaucoup de gens firent des largesses pour cela, & plusieurs encore se croiserent d'une croix rouge, & se mirent en état d'être prêts à marcher dans cette guerre. Les Florentins firent encore bien des processions solemnelles, & le public & les particuliers donnerent assez de marques, qu'ils vouloient se distinguer, entre tous les chrétiens, par leurs libéralités, par leurs conseils, & par les risques de leurs propres personnes, dans cette grande entreprise. Mais le feu de cette croisade, fut un peu amorti par la nouvelle que le Turc, assiégeant Belgrade, qui est une place située en Hongrie sur le Danube, les Hongrois l'avoient défait & blessé.

Cela fut cause que le pape & les autres, étant revenus de l'appréhension que leur avoit donné la prise de Constantinople, commencerent à se ralentir dans leurs préparatifs. Les Hongrois se refroidirent aussi par la mort de Jean Vaivode, sous la conduite duquel ils avoient remporté cette victoire.

Mais pour revenir aux affaires d'Italie, les guerres des hommes étant finies dans l'année mil quatre cent-cinquante-six, par la réduction de Piccinino à son devoir, il sembla que Dieu la voulût faire à son tour, par des orages, des vents épouvantables, qui survinrent en Toscane, dont on n'avoit jamais ouï parler, & dont la postérité aura peine à croire les effets surprenans & très-remarquables. Il se leva donc au vingt-quatre d'août un tourbillon de nuage gros & épais, qui vint du golfe de Venise devers Ancone, & qui occupoit bien, de tous sens, un espace d'environ onze milles (1). Ce nuage, poussé par une force supérieure, soit qu'elle fût naturelle, soit qu'elle fût miraculeuse, combattoit contre lui-même; & les petits nuages, qui s'en séparoient, s'élevant tantôt vers le ciel, & tantôt s'approchant de la terre, se tournoient les uns contre les autres; & quelquefois ils tournoient en rond d'une vîtesse prodigieuse, poussant devant eux un vent tempétueux, au-delà de l'imagination : & , pendant ce choc, l'on voyoit

____

(1) C'est environ cinq lieues & demie de Paris.

paroître des feux & des éclairs extrêmement
éclatans. Ces petits nuages, ainsi séparés entr'eux,
ces vents si terribles, & ces éclairs si redoublés,
produisoient un bruit qui surpassoit de beaucoup
les plus grands tremblemens de terre & les plus
furieux coups de tonnerre qu'on eût jamais entendus; desorte que l'épouvante qu'ils produisoient étoit si terrible, que tous ceux qui en-
tendirent ces éclats surprenans crurent que la fin
du monde étoit venue, & que le reste du ciel,
la terre & la mer, rentrant dans la confusion,
alloient reproduire l'ancien cahos. Par-tout où ce
tourbillon épouvantable passa, il fit mille effets
étonnans & comme miraculeux. Mais il n'y eût
point d'endroit où cela parut tant, qu'auprès du
château de Cassiano, qui est situé à huit milles
de Florence, sur les collines qui séparent le Val
de Pise d'avec celui de Grieve: Cette furieuse
tempéte, passant donc entre ce château & le
bourg de Saint André, qui est sur la même colline, ne toucha point au bourg, & elle passa
de maniere à Cassiano, qu'elle n'abattit que quelques cheminées & quelques créneaux de murailles;
mais dans l'espace d'entre ces deux lieux, elle rasa
plusieurs maisons jusques dans les fondemens.
Les couvertures des églises de Saint = Martin à
Bagnole, & de Sainte - Maie de la Paix,

furent portées toutes entieres à plus d'un mille
de-là. Un muletier fut emporté avec ses mulets,
du chemin où il étoit, dans des valons du pays,
où il fut trouvé mort. Tous les plus gros chénes, & tous les arbres les plus forts, qui ne plie-
rent pas sous une telle violence, furent non-
seulement ébranchés & brisés, mais ils furent
emportés bien loin de leurs racines ; desorte que,
l'orage étant fini, & le jour commençant à paroître, les hommes demeuroient comme hébêtés
d'étonnement , appercevant tout ce désordre,
L'on voyoit le pays désolé & ruiné, avec la
chûte des maisons & des églises ; l'on entendoit
les cris de ceux dont les héritages étoient boule-
versés, & qui avoient laissé, sous les ruines de
leurs maisons , leurs parens & tout leur bétail
accablés ; desorte que le seul récit de tout cela
remplissoit tout-à-la-fois de compassion & d'é-
pouvantement ceux qui l'entendoient faire.

Sans doute que par-là Dieu voulut plutôt menacer que châtier la Toscane ; car si une telle
tempéte fut entrée dans une ville, entre toutes
les maisons & tous les habitans, comme elle
entra entre les chénes, les autres arbres, &
quelques maisons dispersées deçà & delà, sans
doute qu'elle eût été une ruine & un fléau,
qu'il n'est pas aisé d'exprimer. Mais Dieu se con-

tenta pour l'heure de ce petit échantillon de sa colere, pour réveiller dans l'esprit des hommes les pensées de sa puissance infinie.

Pour revenir au roi Alfonse, comme nous avons dit qu'il n'étoit pas satisfait de la paix, & que la guerre, qu'il avoit fait entreprendre par Piccinino contre les Siennois sans fondement, avoit été sans aucun fruit, il voulut essayer ce que produiroit celle qu'il lui étoit permis de faire par la clause du traité d'alliance qu'il avoit conclue avec les principaux potentats d'Italie. Ainsi en l'an mil quatre cent-cinquante-six, il fit la guerre aux Génois par mer & par terre, ayant dessein de remettre cet Etat sous les Adorni, & d'en dépouiller les Frégoses, qui en étoient comme en possession. D'autre côté, il commanda à Piccinino de passer la riviere de Tronto, & d'aller contre Sigismond Malatesta. Mais comme il avoit mis bon ordre à toutes ses places, il ne craignoit guères les attaques de ce général; desorte que les desseins du roi ne produisirent rien de ce côté-là. Mais l'entreprise de Gênes le fit tomber, lui & son Etat, dans une guerre bien plus grande qu'il n'eût bien voulu.

Pierre Frégose étoit alors Doge de la république; & comme il appréhendoit de succomber sous les efforts du roi Alfonse, il résolut de

donner ce qu'il ne pouvoit garder lui-même à un
prince assez puissant pour le défendre contre ses
ennemis, & qui put même le récompenser d'un
tel présent. Pour cet effet, il envoya des ambassadeurs à Charles VII, roi de France, pour lui
offrir & lui remettre entre les mains l'Etat de
Gênes. Le roi l'accepta, & envoya Jean d'Anjou,
fils du roi René, pour en prendre possession.
Comme ce jeune prince avoit pris assez les
manieres italiennes, parce qu'il y avoit peu de
tems qu'il étoit parti de Florence pour retourner
en France, le roi jugea qu'il seroit plus propre
à commander dans un tel pays, qu'un autre.
D'ailleurs, il croyoit qu'il pourroit aller à Gênes
à la conquête du royaume de Naples, dont le
roi René son père avoit été dépouillé par Alfonse d'Arragon. Jean d'Anjou alla donc à Gênes,
où il fut reçu comme le souverain ; & on lui remit
entre les mains toutes les forces de la ville & de
l'Etat.

Ce fut-là un changement qui déplut beaucoup
à Alfonse, trouvant qu'il s'étoit attiré un ennemi
trop puissant. Sans pourtant s'épouvanter trop,
il continua l'entreprise avec bien du courage ; &
il avoit déjà conduit sa flotte auprès de Villa
Marina à Porto Fino, lorsqu'il fut attaqué d'une
maladie subite, qui l'emporta. Cette mort délivra

de la guerre & les Génois, & leur prince Jean d'Anjou; & Ferrand, fils du défunt, & héritier de sa couronne, étoit rempli de crainte, ayant sur les bras un ennemi d'une telle réputation en Italie. il soupçonnoit même la fidélité de ses barons, qui, aimant la nouveauté, pourroient bien s'attaher aux François. Il appréhendoit encore que le pape, dont il connoissoit l'ambition, ne formât le dessein de le dépouiller de son royaume sur ce qu'il le voyoit nouveau venu, & par conséquent mal affermi sur le trône. Toute son espérance n'étoit que sur le duc de Milan, qui n'avoit pas moins d'inquiétude pour la conservation de ce royaume-là, que Ferrand lui-même, parce qu'il appréhendoit, qu'après que les François l'auroient conquis, ils ne lui demandassent aussi son duché comme un Etat qui leur appartenoit (1).

Si-tôt donc qu'Alfonse fut mort, le duc de Milan écrivit à Ferrand, & lui envoya des troupes. Par ce secours il lui donnoit de la réputation, & par ses lettres il le fortifioit & l'en-

____

(1) A cause que le duc d'Orléans avoit épousé une princesse de la maison de Visconti, qui étoit légitime héritiere de l'Etat, la ligne masculine ayant manqué.

courageoit beaucoup, en lui promettant qu'il ne l'abandonneroit nullement dans une nécessité si pressante.

Le pape résolut, après la mort d'Alfonse, de donner le royaume de Naples à Pierre Louis Borgia son neveu; & afin de donner un prétexte honnête à ce dessein, & d'avoir plus facilement l'acquiescement des princes d'Italie, il publia qu'il vouloit mettre son royaume sous le commandement de la Sainte Eglise Romaine; ce qui l'obligeoit à presser le duc de Milan de ne donner aucun secours à Ferrand, en lui offrant la restitution des places qui lui appartenoient dans cet Etat. Mais le Saint Pere mourut au milieu de toutes ses pensées & de ses nouveaux projets, & il eut pour successeur Pie II, (1) Siennois, de la maison des Piccolomini. Ce pape, qui ne pensoit qu'au bien de la chrétienté, & à attirer du respect à l'église, oubliant & négligeant tous ses intérêts particuliers, couronna Ferrand pour roi de Naples, à la prière du duc de Milan,

---

(1) C'est celui qui avoit nom *Æneas Sylvius*, qui fut Secrétaire du Concile de Bâle, qui fit de beaux ouvrages pour ces tems-là, & qui écrivit même contre les prétentions des Papes.

parce qu'il jugeoit qu'il seroit plus aisé de procurer la paix en Italie, en maintenant un prince qui étoit déjà en possession, qu'en favorisant les François pour leur faire conquérir ce royaume, ou qu'en prenant la résolution de s'en emparer lui-même, suivant le dessein de Calixte. Cette obligation, que Ferrand avoit à Pie II, lui fit donner, en reconnoissance, la principauté de Malfi à Antoine, neveu du pape, avec sa fille naturelle en mariage. Outre cela, il redit à l'église Benevent & Terracine.

Il sembloit après cela, que la guerre fût finie en Iialie ; & le Pape se préparoit déjà à liguer toute la chrétienté contre les Turcs, comme Calixte avoit commencé : mais il survint de la division entre les Frégoses & Jean, Prince de Gênes. Cette dispute fit naître des guerres bien plus grandes & de bien plus grande conséquence, que les précédentes. Pierre Frégose étoit dans un de ses châteaux sur la riviere de Génes ; (1) & là il lui sembloit que Jean d'Anjou ne l'avoit pas assez récompensé des obligations qu'il lui avoit, & à toute sa maison, qui l'avoit rendu

---

(1) C'est ainsi que l'on appelle le bord de la mer en ce pays-là.

maître de l'Etat. C'est ce qui les fit venir à une manifeste rupture entr'eux. Cet accident plut beaucoup à Ferrand, comme étant le seul remede & le seul moyen de se mettre en sureté : c'est pourquoi il secourut Frégose d'hommes & d'argent, espérant que par-là il viendroit à bout de chasser Jean d'Anjou hors d'Italie. Ce prince ayant connoissance de tout cela, envoya demander du secours en France, afin de pouvoir faire tête à Frégose, qui étoit très-puissant, ayant été assisté fort considérablement ; desorte que le prince se réduisit à garder la ville, dans laquelle Frégose entra une nuit, & s'empara de quelques postes : mais quand le jour fut venu, les François combattirent Frégose, le tuerent, & taillerent en pièces, ou firent prisonniers, tous ses soldats.

Cette victoire fit naître le dessein à Jean d'Anjou de conquérir le royaume de Naples ; desorte qu'au mois d'octobre de l'an mil quatre cent cinquante-neuf il partit de Gênes avec une belle flotte, fit route du côté de Naples, descendit à Baie, & de-là à Sesse, où il fut reçu par le duc du lieu. Le prince de Tarente, la ville d'Aquila (1), & plusieurs autres villes & princes,

____

(1) Capitale de l'*Abruzo.*

se déclarerent pour les François, ensorte que le royaume étoit presque tout conquis. Ferrand, voyant ce désordre, eut recours au pape & au duc de Milan, à qui il demanda du secours : & afin de diminuer le nombre de ses ennemis, il fit la paix avec Malatesta ; ce qui choqua tellement Piccinino, qui étoit ennemi mortel de ce prince, que quittant le service de Ferrand, il prit parti auprès de Jean d'Anjou. Ferrand envoya encore de l'argent à Frédéric, seigneur d'Urbin, & il mit toute la diligence possible pour faire une armée qui étoit bonne pour ces tems-là : mais ayant attaqué les ennemis auprès de la riviere de Sarni, il fut mis en déroute, & la plupart de ses principaux commandans furent faits prisonniers.

Après cette perte, la ville de Naples demeura fidèle à Ferrand, avec quelques princes & quelques places, la plus grande partie s'étant rendue à Jean d'Anjou. Sur cela Piccinino étoit d'avis, qu'après un tel avantage le prince allât à Naples, & s'emparât de cette capitale de l'Etat ; ce qu'il ne voulut pas suivre disant, » qu'il » vouloit prendre premièrement tout le domai- » ne, & que cette grande ville ne tirant plus » de secours d'aucune autre place de l'Etat, » elle seroit conquise plus facilement. Mais il arriva tout le contraire ; ce qui fit que ce jeune prince manqua son coup, ne faisant pas réflexion que les membres suivent d'ordinaire les mouve- de la tête, & que la tête n'a pas accoutumé de suivre ceux des membres. Ferrand s'étoit retiré dans Naples, & là il recevoit ceux qui étoient chassés de ses Etats, amassant de l'argent par les voies les plus douces qu'il pouvoit ; desorte qu'il fit encore une espèce d'armée. Il envoya aussi solliciter le pape & le duc de le secourir, ce qu'ils firent l'un & l'autre bien plus promptement & bien plus considérablement qu'ils n'avoient encore fait, parce qu'ils commençoient à appréhender beaucoup qu'il ne fût dépouillé de son Royaume.

FERRAND donc étant devenu puissant, il sortit de sa Capitale, & s'étant remis en réputation, il reconquétoit des places. Pendant que la guerre se faisoit dans le royaume, il survint un accident, qui fit perdre entièrement le crédit à Jean d'Anjou, & qui lui ôta tout moyen de venir à bout de son dessein. Les Génois étoient dégoûtés de la fierté et de l'avarice du Gouverneur que le Prince leur avoit laissé ; desorte qu'ils prirent les armes contre lui, & le contraignirent de se renfermer dans le petit château. Les Frégoses & les Adornes se réuni- rent pour ce dessein, & le Duc de Milan les secourut de troupes et d'argent, tant pour se rendre maîtres de l'Etat, que pour le conserver. Le roi René espérant néanmoins de rentrer dans Gênes par le moyen de ce petit château, vint au secours de son fils avec une flotte; mais en faisant la descente, il fut mis en désordre & contraint de s'en retourner avec honte en provence.

Quand cette nouvelle fut arrivée au royaume de Naples, elle étonna beaucoup Jean d'Anjou. Néanmoins, il ne renonça point à son dessein; mais il y soutint la guerre fort long-tems, étant aidé par les Barons qui s'étoient rebellés contre Ferrand, & qui par conséquent, n'en espéroint pas de pardon. Enfin après plusieurs évènemens survenus dans cette guerre, les deux armées royales vinrent aux mains; & Jean d'Anjou fut mis en déroute auprès de Troie, en l'an mil quatre cent soixante-trois. Ce désavantage ne chagrina pas tant ce prince, que la révolte de Piccinino, qui reprit encore le parti de Ferrand; ainsi se voyant dénué de forces, il se retira à Histria, & de-là en France.

Cette guerre dura quatre ans, & la négligence du prince d'Anjou lui fit perdre ce que la valeur de ses soldats lui avoir fait gagner bien des fois. Les Florentins ne prirent point parti ouvertement dans ces différens. Il est bien vrai que Jean d'Arragon, nouveau roi de ce pays-là par la mort d'Alfonse, pressa fort la république de secourir Ferrand son neveu, comme ils y étoient obligés par la derniere ligue qu'ils avoient faite avec Alfonse son pere. Les Florentins lui répondirent, » qu'ils n'étoient point liés avec » Ferrand; qu'ils n'étoient pas d'humeur d'as- » sister le fils dans une guerre que le pere s'étoit » attirée lui-même; & que comme elle avoit » été commencée sans leur participation & sans » leur avis, ils la laisseroient continuer & finir » sans leur assistance. « Là-dessus, les ambassa- deurs du roi d'Arragon protesterent contre la république, lui déclarant, » qu'elle étoit tombée » dans les peines de la rupture du traité, & » dans tous les dommages & toutes les pertes » qui s'en ensuivroient. « Ensuite, ils se reti- rerent de la ville fort en colere. Cependant les Florentins demeurerent en paix au dehors, tant que cette guerre dura; mais ils n'eurent point de repos au-dedans, comme nous le verrons plus particulierement dans le livre suivant.

Fin du cinquieme Volume.

www.ingramcontent.com/pod-product-compliance
Lightning Source LLC
LaVergne TN
LVHW010934180726
843502LV00004B/954